つい頑張りすぎてしまうあなたへ

気もちの授業

腰塚勇人

青春出版社

2002年3月
体育の教師だった私は
スキーで転んで首の骨を折りました

２００２年６月
首の骨折から約４か月後
私は奇跡的に回復し、退院しました

多くの人の応援と励ましのおかげでした

「生かされたこの命、感謝と共に生きよう」
そう誓いました

職場である中学校に復帰すると
3年1組の子どもたちと
職場の仲間が待っていてくれました

この子たちと迎えた卒業式を
私は一生忘れません

3ネン1クミ
腰塚級
Orange
1-1 2-3 3-1

あんなにうれしかったのに
あんなに幸せだったのに
あんなに覚悟を決めて戻ったはずなのに
できないことを突き付けられる現実は
甘くはなかった

社会復帰なんてしなければ……

予想をはるかに超えた現実のきびしさとの直面

「あいつはダメだ」
そう思われることが、怖かった

「自分の責任だ」

「助けてもらった命と人生だ」

「生かされ、命があるだけで感謝しなくちゃ」

「今こうして生きて仕事ができるだけでも
幸せじゃないか」

「しっかりしろ、負けるな！」

何度も自分を叱咤激励した

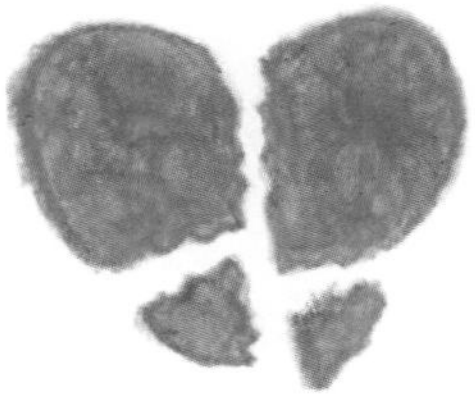

本当は「助けて」が言いたかったのに

いつしか私は、笑顔を忘れた

夜、眠れなくなった

朝、学校の駐車場まで行きながら
学校に入れなかった

「ごめんなさい、ごめんなさい。
これ以上、誰かのためにがんばれない」
自分の心を守るために精神科に行った
あんなに大好きだった教師の仕事を
半年休んだ

このとき、気づいたこと

それで、助けてもらった命、本当に喜んでいる?

心が元気でないと、何もはじまらない…

自分の心が元気でいることが
みんなの幸せにつながる

まずは自分が元気になろう

せっかく助けられたこの命、

これからは
「気もちを大切にする生き方」をしよう

そして私は、自分の気もちを大切にして
命が輝く生き方を選んだ――

2時間目

ひとりで頑張らなくていいよ

3時間目

自分で気もちを整える

4時間目

5時間目 それでもくじけそうなときには……139

はじめに

はじめまして、の人も、また会いましたね、の人も、この本を手に取ってくださり、ありがとうございます。『命の授業講演家』の腰塚勇人です。

体育の教員をやっていた私は、２００2年3月にスキーで首の骨を折り、首から下がまったく動かなくなりました。九死に一生を得ましたが、「一生寝たきりか、よくて車いすの生活」と医者に言われました。

そのころ、お見舞いに来てくれた人やまわりから言われて、いちばん苦しかった言葉。お願いだから、今その言葉を言うのやめてくれ！って、心の中で叫んでいた言葉。

「頑張れ」

「頑張ってね」

私は、この言葉を素直に「ありがとう」って受けとれませんでした。励ましのために言ってくれているのは頭で分かりながらも、手足の動かない俺にどうやって頑張れっていうんだ……心の中では、そんな気もちでした。それと、もうひとつは、お前もこうなってみろ、あなたも俺と同じようになってみろ、その「頑張れ」がどれほどつらいか分かるから！　こういう気もちもありました。心が悲鳴をあげていました。

自分でどうしていいか分からなくて、心の中で「助けて……」と何回も叫んでいました。心が苦しいときに「頑張れ」と言われても……頑張れないんです。だって、もう精いっぱい頑張っているのだから。これ以上、何をどう頑張ればいいのか分からないのだから。

そんな中でも、生きる勇気を与えてくれた人がいました。

その人が「助けて、って言っていいんですよ」と教えてくれました。

「一人では頑張れません。私は腰塚さんの力になりたいです。少しでも良くなってほしいです。だから何でもいいから言ってください」って。

病院の看護師さんでした。彼女のその言葉を聞いた夜、私は一晩中泣きました。今まで溜め込んでいた気もちが一気に噴き出した夜でした。

そして、リハビリの先生は、決してすべてを失ったわけではないから、命と未来は残っているから、「一緒に頑張りましょう」と言ってくれました。

「頑張ろう」って言葉の前に「一緒に」がつくだけで勇気が湧きました。でも「一緒に」という、この言葉、簡単に言えませんよね。

そこからです。どうなるか分からないけど、今できることにベストを尽くす。そして、まわりの人を信じて力を借りよう。そう、気もちの向きを変えられたのでした。

今では、全国に応援してくれる人がいて、講演活動も2000回を迎えようとしている私ですが、『命の授業』のほかに、もうひとつお伝えしたいこと。どうしても、このコロナ禍だからこそ伝えたいことがあります。

その思いから生まれたのが本書です。今、頑張っている人、頑張りすぎて心が悲鳴をあげている人、心がさまよってしまっている人、自分を見失いそうな人……すべての人に本書を読んでもらえたらと思います。

気もちの授業

1時間目

気もちに気づくこと

最初に皆さんに質問があります。

鉛筆などの書くものとメモ用紙（どんなものでもいいです）を用意してください。

私だったら、俺だったらどんなことだろうって、自分なりの答えを書いていただけたら嬉しいです。私の質問に正解はありませんから、安心してくださいね。


では、今から質問を始めますね。


今なくなったら本当に困るもの、（違う言い方すると）皆さんの人生にとって、今大切なもの、宝物ベスト5は何ですか？

なんでもいいですよ。

Q

今、突然失って本当に困るものを5つ考えてみてください。

正解はないですよ。
今から1分くらい時間を差し上げますので、書いてみてください。

Q

では、次の質問です。

その5つのうち、
1つでも今本当になくなってしまったら、
皆さんはどんな気もちになり、
どんな行動をとりますか。

今、書いた大切なものが、突然なくなってしまったり、
失いかける状況が突然来てしまったら、
皆さんはどんな気もちになりますか？
そして、どんな行動をとると思いますか。

正解はないので、気軽に考えてみてくださいね。

Q

3つ目の質問です。

皆さんにとってキャッシュカードやお財布と同じぐらい大切なものはなんですか?

5つあげてください。

最初の質問の答えと重なってもいいです。
新しいものが見つかったら、それでもいいです。

皆さんは自分のキャッシュカードやお財布を人に渡したり、
預けたりしますか？
皆さんは、なぜ人にキャッシュカードやお財布を渡したり、
預けたりしないのですか？
そういうことを考えると、見えてきますよね？

Q

最後の質問です。

ご自分が書き出した
皆さんにとって大切なもの、大切な人…
今、大切にできていますか？

Q

その答えの中に
「自分の気もち」は入っていましたか？

「気もちの授業」をはじめます

2002年3月1日の出来事は昨日のことのように覚えています。

スキーで転んで首の骨を折ってしまいました。

体育の教師でしたし、スキーも一級を持っていたので、急斜面でもコブでもそれなりにうまく滑れる自信がありました。「俺はうまい」――今思えばこんな気もちで滑っていました。甘いですよね。

そのとき、気絶はしなかったんです。倒れた、その視線の先には曇り空が見えていました。

呼吸をしようとしたらできなくて、「死にたくない」「誰か助けて!」……心の中で叫んでいました。そして、救急車で病院に運ばれました。

手術は成功。命は助かったものの、

首から下が全く動かなくなっていました――。

ベッドの上でこんな言葉を言ってしまいました。

俺なんか生きててもしょうがない……。

怪我した瞬間は「死にたくない」「誰か助けて」って言っておきながら。

絶望感の中で自分の現状をとても受けいれられず、耐えられなくなり、死にたくなりました。舌を噛み切って死のうとしましたが、死ねませんでした。本当は「死にたくない」という気もちだったから。でも、この先は真っ暗でどう生きたらいいのか何も分からず、家族の前でも泣けませんでした。これ以上、迷惑をかけたくないと思っていたから。「助けて」「なんとかして」「苦しい」「つらい」なんて、とても言えませんでした。

そんな中で「助けて、って言っていいんですよ」と伝えてくれた看護師さん。「一緒に頑張ろう」と言ってくれたリハビリの先生。支えてくれた人たちのおかげで、ケガから4か月後、体に障がいは残ったものの学校に戻れました。

そして、3年1組の生徒たちを卒業させました。一生忘れない卒業式です。今でも教え子たちと付き合っています。次の年、1年生の担任をやりましたが体が思うように動かず……言動もチグハグ。自分が子どもたちに言ってることを……今まで通りにできませんでした。次第に自信を失いました。どんどん苦しくなっているのに、自分にこう言っていました。

助けてもらった命と人生だ。こうなったのも自分の責任、働けるだけでも幸せだろう。もっと感謝して生きろよ。そして、もうこれ以上まわりに迷惑はかけられない……。

学校現場には覚悟を決めて戻ったはずでしたが、現実は甘くなかったです。

3年生の担任のときは、子どもたちが私のことを考えて先に動いてくれました。ありがたかったです。でも1年生を前にして〝動けない自分〟がいて、どんどん苦しくなっていきました。

「あいつはダメだ」って言われたくない気もちもありました。

退院するまではいろんな人が応援してくれたのに、学校現場に戻ったら掌《てのひら》を返されたように言わることもありました。それも仕方ないな……と思いながらも、だんだんとつらくなっていったのです。

私にとってポジティブ思考は役に立ちませんでした。

そんな自分じゃダメなんだよ。前向きに考えて！　と何度も自分に言い聞かせるも、ホントはつらくて苦しくて、助けてが言いたいのに、心にウソをつき続けました。心が悲鳴をあげているにもかかわらず、頑張れ頑張れって、今度は自分で自分にムチを打ちました。

……やっぱり心は正直です。ウソはつけません。心と体はつながってるんですね。心の状態が体に出てしまい、最終的にはうつになり、学校に行けなくなりました。あの頃の私の気もちは「なんで、こうなっちゃうんだ」と自分を責め、怒っていました。自分の気もちのコントロールができず、自分の気もちの行き場がなくて、感情が暴走していました。

学校に戻りたくて一生懸命リハビリを頑張って「学校へ戻る」夢を叶えたのですが、3年生を卒業させた翌年、心の病気になってしまったのです。

急死に一生を得るという命を向き合う経験をし、命は助かったものの体に障がいが残り、体育の教師ができなくなり、その後、知的障がいの養護学校に転勤した私に、小学校3年生のときの担任の先生が校長先生になられて連絡をくれました。


「お前のケガの体験を、うちの小学校の子どもたちにしてくれるか」

「いいですけど、何でですか」って聞いたら、

「実はな……いじめの事案があってちょっと大変なんだ。力を貸してくれ」

「わかりました。体験の話しかできないけど、行きます」

ということで講演をさせてもらったら、

「お前の話は命の授業だよ」と恩師が言ってくれました。

その後いろいろな学校を紹介してくれて、それから講演活動を始めました。

講演に呼ばれるたびに、勤めていた養護学校の校長先生に「講演に行かせてください」と許可を得るのですが、あるとき、こう言われました。

「腰塚さん、本分を忘れないでね。目の前の子どもたち、授業、学校がいちばん大事よ」

分かってます。でもその言葉を聞き、その夜に自分が本当に今したいことは何だろう……？　と、考えました。

養護学校の先生もとっても楽しかったです。やりがいもありました。そして生活のためにも……。でも本当にしたいことは？

子どもたちがいじめや虐待、自殺、いろんなことで自分の心、体、命を傷つけている。そっちの方が自分は嫌だと。何ができるか分からないけど子どもたちの命を守りたい。そう思いました。同時に、その子どもたちに接している先生たち、お父さん、お母さんたちを応援したい。そして、まず大人たちに「自分の気もち」の整え方を伝えることができたら……。命と向き合った経験があって、これからの未来で一つ100％分かってることは、いつか本当に死ぬときがくるということ。どんな死に方か分からないけど、そのときに、「あのケガ以来、今日まで一生懸命後悔しない生き方をした」そう思いたい、と注意しました。

います。

「先生を辞めても、『命の授業』をやろう」

そう決めて、もう10年目が過ぎました。そして、今では「気もちの授業」も行っています。

今、世界的に新型コロナの影響で人々の生活や仕事に多大な影響が出ています。その中で、私自身も２０２０年は6か月間講演がすべて延期やキャンセルになり、気もちとしっかり向き合い安定させる大切さを改めて感じました。その経験も含めて、私たち一人ひとりの気もちの持ち方が問われているように感じます。少しでも前向きにこの状況をみんなで乗り越えていくきっかけになれば嬉しいと思い、この本を書くことを決めました。

では、さっそく「気もちの授業」を始めます。

言われて苦しかった言葉

頑張れ！
頑張ってね‼

頑張りたくても頑張れなかった
心は悲鳴をあげていた――

命は自分のすべて。気もちは自分の源

最初に五つ質問しました。

その答えに、「自分の気もち」はありましたか？

大切にしたいものの中に「自分の気もち」は入っていましたか？

私の大事なものは、命です。それともうひとつが「気もち」です。

命は自分のすべて。命がなくなったら本当に人生すべてが終わってしまいます。そして生きる＝自分の言動の源は自分の気もちの状態。気もちが元気で安定しないと、何もうまくいきません。

行動する知識や技術は大事にしても、自分がどんな気もちでそれに取り組むかを大事にしない。気もちを後回しにしていませんか？

結果を求めるからこそ、知識や技術と同じぐらい自分がどんな気もちでいるか、が大事なんです。なぜなら、体と気もちはつながっているから。

命は自分のすべて
気もちは自分の源
気もちが元気で安定しないと
何もうまくいかない
誰も幸せでないんです
体と気もちはつながっているから――

気もちの湖、おだやかですか？

学校で「気もちの授業」をするときに、こんな話をします。

みんなそれぞれ、自分の中に「気もちの湖」を持ってるんだよ、って。そしてその気もちの湖の中で手漕《てこ》ぎボートを漕いでいるんです。手漕ぎボートを漕いで何をしてるかというと、今日、今やるべきことに一生懸命、努力して結果を出そうとしているんです。仕事も勉強も。

今日自分がやらなきゃいけないこと、提出しなきゃいけないもの、など目標の到達に向かってボートを漕いで努力をしています。時には競争相手が現れたり、逆風までも起こります。

そこで皆さんに考えてほしいことです。

この湖がどんな状態のときに一番早く自分が行きたい場所に到達できると思いますか？　気もちの湖が、どんな状態で漕いだらボートが一番よく前に進みますか？

「後ろから追い風が吹いているとき」「○○○○なとき」……いろんな意見があると思います。私の答えは、湖がおだやかなときです。

首から下が全く動かないときの私の気もちの湖は荒れに荒れまくってました。ホントは気もちの湖、おだやかでいたいのに、どうしていいかも分からなかったですし、こんな俺が生きてちゃいけない……って心のどこかで思っていました。苦しくて苦しくて、このときには気もちの湖を自分でおだやかにすることはできませんでした。そして最後に、涸《か》れました。人生終わった…死にたい……って。

イライラしたり、カリカリしたり、ムカついたり、悲しくなったり、ねたんだり、焦ったり、絶望したり、あきらめたり……誰の人生にもこういうときはあります。そんなとき、気もちの湖はどうなっていますか。

私は、自分の気もちの状態をチェックすることを日々、とても大事にしています。ある意味、行動以上に。

今、自分の気もちの湖どうなってる？　荒れてる？　それともおだやか？　自分で自分の状態をチェックしています。

でも、人は、自分の荒れたり、涸れかかっている気もちを見ることもせず、まわりの人や環境のせいにして、あたってしまいがちです。

なぜ分かってくれないんだ、と感情をぶつけてしまったり、外側の何かを変えようとする人がすごく多いんです。

ほんとうは誰かに分かってほしい！　気づいてほしいんです。良い悪いではなく、今そういう気もちなんだよネ……って。だからこそ、まずは自分で自分の気もちに気づいてあげてほしいのです。

今、皆さんの気もちの湖の状態は
どうですか？
一日の中で何回くらい
自分の気もちの状態を
チェックしていますか？

気もちのアンテナ、いま何本立っていますか？

携帯電話やスマホの使い方も知っているし、壊れてもいないのに電話がつながらないときがあります。どういうときだと思いますか？

わかりますよね。電源やバッテリー切れのときです。そしてもう一つが、アンテナが立っていない、電波が届かないときです。電源が入ってないときは使い物になりませんよね？

人間で言うならば、それは「病気のとき」もしくは「命がなくなってしまったとき」です。そんなときには、自分の持ってる力は発揮できません。

気もちの湖と同じように、みんな「気もちのアンテナ」を持っているんです。このアンテナが立ってないとき、すなわち気もちが圏外のとき、電話ができないのと同じで、頑張ろうとしても無理なんです。行動できないんです。私が「頑張れ」と言われても動けなかったように……。

アンテナが立っていない、
圏外と知らずにイライラして、
苦しく、不安の中で
つらそうに仕事・人生を
送っている人が多いです…

気もちのアンテナを
圏外にしないでください

気もちの体温が下がると自己肯定感も下がります

気もちの体温が下がっていたり、上がりすぎていると、小さなことにもイライラしたり、人の目が気になったり、少しのことでくよくよして落ち込んだりして、自己肯定感も下がってしまいます。それは、体の体温が下がると免疫力も下がって病気になり、上がりすぎると機能不全、パニックになるのと同じで、気もちの体温が平常でなくなり病気になってしまう状態……。

気もちの温度を平常に戻すために皆さんがされていることはどんなことですか？ たとえば、行くと落ちつく場所、ご機嫌になれる食べ物。聞くと元気になる音楽。会うと嬉しい友達。相談できて冷静になれる人。気もちがやわらぐ香りや言葉。本。元気になれる心地よい服。ホッとできる写真やお守り。たっぷり寝ることでも思いっきり運動することでもＯＫ。心を元気に回復させる、気もちを落ちつかせるツール（方法・もの）を見つけ、持ちましょう。

私の場合は、笑顔をつくることや「ありがとう」を言うこと。とっておきは自分で自分を抱きしめてあげながら「よく頑張っているね」と声をかけてあげること。

大切なのは「今、自分の気もちの体温は何度くらいかな？」とまず意識すること。体の体温は一度上がり下がりするだけでちょっとおかしいって気づくのに、気もちの体温計の上がり下がりは自分の後悔の言動後か、体調不良になってから気づくことが多くありませんか。それでも見て見ぬふりをしてがまんを続け、対応を後回しにすると自分のことでも、人との関係でもとんでもないことに……。

今の皆さんの気もちの体温計はどうですか？　平熱は何度くらいですか？

母にこの話をしたら、「私にとっては気もちの血圧計かな？」だって（笑）。

イライラしてもムカムカしてもいい。自己受容の練習

自己受容。今の気もちを知り、自分で受け止める。今の世の中では、とっても大事な気がします。自分の声と会話をする。

なぜか、ってみんな、行動・結果ばっかりだからです。

努力しろ！　結果を出せ！　失敗するな！　負けるな！　期限は！　期待を裏切るな！　こんな言葉が飛び交います。

確かにそれを達成できると、やりがいや喜び、充実感、達成感……あります。

でも、感情を抑え込み、感じないようにしながら眉間にしわを寄せ、目先のやらなくてはいけないことに追われ、それでも耐えきれないと爆発・発散もしくは「どうせ」と途中であきらめる。そういうことの繰り返しになっていませんか。

コロナ禍の影響で講演が立て続けにキャンセルになり、家にいることが多くなりま

した。そのぶん本を読む時間があったり、自分を成長させるためにできることがあるのですが、当然収入も減ります。それをいちばん気にしていたのは高校生の息子です。

「お父さん仕事なくなったけど、家は大丈夫なの……」

そう言った息子に、奥さんは「今のところは大丈夫。心配しなくて大丈夫だよ」と答えたそうです。

正直つらいことや苦しいこと、いっぱいありました。でも私は自分が大人として父親として、子どもの前で苦しい顔は見せない。ブチ切れたりイライラはしない、その姿は見せない。息子に直接は言いませんが、そう自分と約束していました。

でも、その裏でこのコロナ禍でたくさんの人たちにいろいろ相談し、気もちを聞いてもらいました。家族を含め話せる仲間がいるってホッとします。心強いです。だからこそ、息子にはこう伝えたいです。

苦しいときイライラしていいんだよ、ブチ切れていいんだよ、文句言って、悪口言っていいんだよ。その中で自分の今の気もちに気づいてほしい。その練習をくり返しながら、気づいてほしい。自分のいちばんの理解者は自分だと。そして、人の気もちがわかる人になってもらいたいです。

悲しいんだよね。苦しいんだよね
不安なんだよね。つらいんだよね
ムカついているんだよね
怒っているんだよね

それでいいよ
今はそうなんだよね

怒りに隠れた本当の感情があります ～アクティング・アウト～

「アクティング・アウト」、直面するのに耐えられない感情や自分では抱えきれない感情を無意識のうちに行動にしてしまうことです。怒りを相手にぶつけるのも、一種のアクティング・アウトです。

たとえば、自分の意見に対して反対意見を言われ、カチンときて怒りをぶつけるように「お前は頭が悪い！　何も分かっていない！」と怒鳴る行為です。

怒りは第二感情といわれ、怒りの背後には本来の感情（第一感情）が隠れています。このケースでの第一の感情は自分の意見に賛同してもらえなくて、反論されて「がっかり」「悲しかった」でありながらも怒りの言動を出してしまうのは、「がっかり」「悲しみ」などの感情への直面を無意識のうちに回避しているからです。

他にアクティング・アウトは「やけ食いをする」「酔っぱらうまでアルコールを飲む」「ギャンブルにのめり込む」「タバコを吸う」「衝動的に浪費をする」「仕事中毒になる」

「自傷行為（リストカット等）をする」そして「いじめをする」や子どもや高齢者に対して「虐待をする」など。

自分で感情を受けとめたり、自分の感情を扱うことができず、感情が行動に姿を変えて吹き出してしまう一方で、その感情への直面を避け、自分の心を守っているとも言えます。

しかし、あまり健康的な守り方とはいえません。

怒りというアクティング・アウトの前に、第一の感情が悲しみ、不安、孤独感、がっかり、残念、劣等感、無力感などの感情があるんだということ。そして今、自分がアクティング・アウトしていると気づくこと……。

人の気もちを考えなさい!!
と言われます

でも、
自分の気もちを大切にできない人に
考えられますか…

Q

ここで、問題です。

〇〇の暴走は言動の暴走につながる
この〇〇にはどんな言葉が入るか、
わかりますか？

〇〇の暴走は言動の暴走につながる。どうでしょう。ちょっと考えてみてください。私が先輩から教わった言葉です。そして教師のときも今も、自分が大人として親として、これは忘れてはいけないと思っている言葉です。

答えは、「感情の暴走は言動の暴走につながる」です。

自分の気もち、自分の心はどうですか？
皆さんの感情はどうですか？　今日の朝どうでしたか？

朝起きて、今日これからやることは、これとこれとこれで……と、行動に意識を向けるけど、自分の気もちには意識がいかないのが普通です。
今こんな気もちでいるな。こんな感情が今、自分の中にあるな。って、意識を一回自分の気もちに向けてみる。

感情に無頓着だと、感情にふりまわされて、感情、気もちのままに爆発暴走し始めます。すると、言動も暴走し始めます。暴言を吐いて暴れたり、手が出てしまったり、自分でももう止められなくなってしまいます。だからこそ、まわりの人にも自分にも「感情の暴走は言動の暴走につながる」ということを忘れないでほしいのです。
もちろん感情は暴走してもしかたがない。自分の内面で日常茶飯事に起きていて、ある意味、自己防衛のひとつですから。そんなときもあります。私だって、感情が暴走しそうになります。ムカつくし、腹立つし、イライラするし、怒るし……。

そのときに、「ああ、今怒ってる」「ムカムカしてるぞ」「やばい、やばい」「stop stop」って、現状を否定せずに「今、そこにある事実」として見られるかどうか。

感情は感情であって、あなた自身ではないから。いいも悪いもありません。いい悪いではなく、「今、こういう気もちなんだな」と、事実としてまず気づいて受け止めることが重要です。

すると、この状況で何かやってもうまくいかないぞ、いい結果はないなという思考回路が働きだします。だったら、その感情を、どうすればおだやかになるかなと。その方法を考えはじめれば、リカバリーできるんです。

私たちのまわりには、楽しくさせてくれたり、笑顔にしてくれる人、おだやかにしてくれる人がいる半面、傷つけ、苦しめる、そんな人や環境もいっぱいあります。そういう中で日々、私たちは生きています。だからこそ自分の気もちを自分で守ること。大切ではないですか。

感情は感情、自分は自分
感情はあなたのものだけど、
あなた自身ではありません
感情と自分を分離すること

嫌な場に行く前に、心の準備をする

悪口が口癖のような人と、これから半日一緒にいるのかと思ったら、「聞いてあげないといけない」と思いながらも、気もちは絶対おだやかではありません。

そうなりそうなとき、私は出かける前に「**5つの誓い**」（後述）を唱えます。それと、「感情の暴走は言動の暴走につながる」「**感謝と同時に悪口は言えない**」と自分に言い聞かせて、心の準備をして、その場に臨みます。

先日も会った瞬間から、人の悪口やコロナ、仕事への不平不満の会話が始まった方との打ち合わせがありました。仕事だから……と思いながらも、きたきたきたーって聞いているふりをし、私が自分にしたことは、自分の気もちをとにかくおだやかにすることに全力をそそいだこと。「聞きたくないなあ」「イラつくなあ」と自分の気もちに向き合ってあげました。

イラつくよね、頭にきたよね、ウザイよね。つらいよね、苦しいんだよね、悲しんでいるんだよね、って、受け止めてあげればいい。人からそう言われたら、「分かってくれてる人がいる」とうれしくなるじゃないですか。だったら、今の気もちを自分で分かってあげてもいいですよね。

いつでも、自分の一番の理解者は自分。自分以上に自分のことを知っている人は地球上どこにもいないのですから。そして、心の声に気づけば、おのずと策が湧いてくるものです。

そもそも、いつイヤな気もちになるのでしょうか。

「感謝と同時に悪口は言えない」この言葉を聞いたとき、なるほど～と思いました。その人のすべてが悪いわけではなく、自分に都合が悪いとき、イヤな気持ちになり、相手を悪く思ってしまうわけですよね。誰にでも良いところ、感謝できることだってあるはずなんです。イヤな気もち、違和感を感じたとき、感謝できること、その人との違いより共通点に目が向けば、ちょっと冷静になれます。

完全無欠の人なんていません。〝お互いさま〟の気もちを忘れないようにしたいものです。

「今日なにしたの？」よりも「どんな気もちだった？」

親はよく「今日何したの」とか「何があったの？」と、子どもに聞きますよね。考えてみるとこれは、行動のことを聞いています。

やったことなどを聞くのは決して悪いことではないですが、「そのときどんな気もちだった？」と聞いてあげてほしいと思います。やっぱり「楽しかった」「つまらなかった」と、何らかの気もちはあるはずなんです。

そこから、「何で楽しかったんだろうね？」「なんで面白くなかったんだろうね？」「それはどうしてつまらなかったのかな？」と言うと、行動や考え方にフォーカスできるんです。

気もちに意識を向ける質問を、親や先生たちがどのぐらいできるか。行動と結果だけでなく、その気もちの状態に目を向けてあげてください。自分の気もちは自分で守り、コントロールすることの重要性をまず大人が気づいてほしいものです。

心の状態がよくなければ結果につながる行動はできません

結果につながる行動をしようと思うなら、気もちの状態、心の状態を良くして、自分の最大のパフォーマンスを発揮することが重要です。

勉強や仕事で、結果を出そうとやっきになって、感情や気もちをおろそかにして、がむしゃらになりがちですが、逆で、気もちが先。よい気もちの状態になっていれば、質の高い考えや行動がとれ、よい結果につながるんです。

先日あるプロコーチと話をしていたら、こんな話題になりました。

スポーツは勝ちを目指して練習し試合に臨み、最高の結果を出したい、勝ち続けたい。仕事でも同じで、自分の力を発揮し結果を出したいと思っていたはず……しかし、最近はそうでもないというのです。

別に勝てなくてもいいし、優勝なんて興味はない、そこまで熱くなれない。そこそこの結果が出ればいい。ビジネスの世界でも、昇進には興味がない、言われたことだけできれば十分満足、別に結果が出なくても……このような人が増えてきていると。

その理由を質問すると、今までの結果至上主義が要因の一つだと。

結果を出すために労働時間を増やせ、効率を上げろ、やる気を出せ！　そのために自分の自由な気もちや感情を封じ込め、家族との時間を犠牲にし、自分の健康や心の満足感などを無視し続けストレスを抱え、より一層の犠牲を払う。そして、ますますストレスは増え続けパフォーマンスが落ち、結果が出にくくなるだけでなく、健康や精神を病んでいくことの繰り返し。このような負のスパイラルから身を守るためには、もはや結果や成長に無関心になるしかない。これは心の防衛行動でもあると。

このようなタイプの人間が出来上がり、当然、組織やチームとしても機能しなくなっていき、なおさら結果にばかりこだわり、人はどんどん病んでいくと。

そうなってしまう〝前に〟、そうならない柔軟なメンタルを作っていかなければならないと思います。心の柔軟さは、これからの世を生きる大きな資産です。

子どものうちに知ってほしいこと

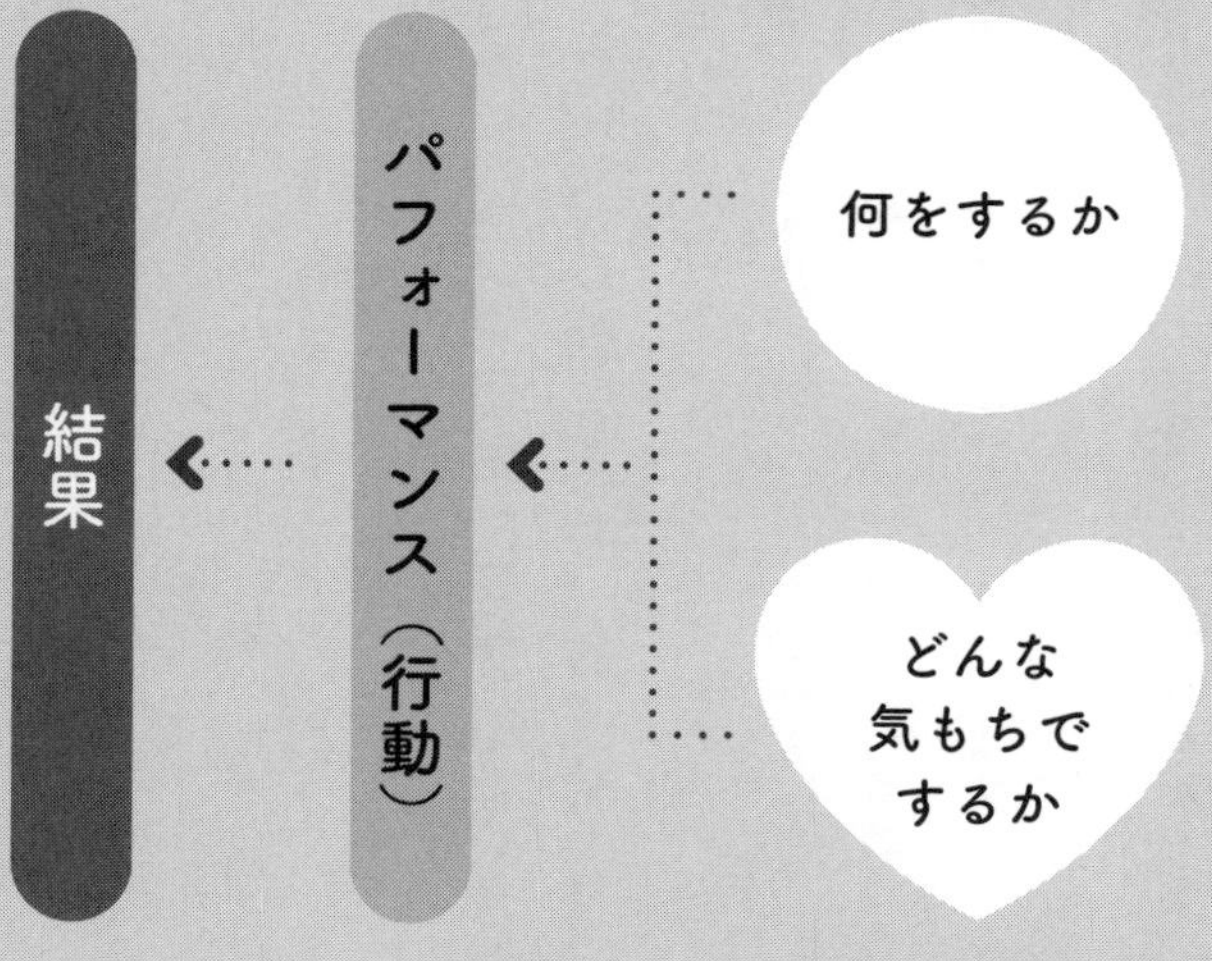

結果につながる行動（パフォーマンス）をしようと思うなら気もち・心の状態をよくして、自分の最大のパフォーマンス・行動を発揮することが重要。そのためには、気もち（メンタル）に意識を向け、安定・ご機嫌になるよう対応（マネージメント）することがとても大切です。

結果重視から気もち重視の生き方へ

なぜ、冬にインフルエンザの予防接種をするんですか？

なぜ、歯磨きをするんですか？

インフルエンザにかからないように予防接種をする。虫歯にならないように歯を磨く。危険性を認識しているから対策をしているんですよね？　それと同じくらい自分の気もちに意識を向けてください。今、生きている社会は、気もちが病気になるリスクが大きいからです。

気もちが病気になったら動けません。だからこそ大事にしてほしい。結果重視から気もち重視。そんな生き方ができたらなと思ってます。

インフルエンザや虫歯、コロナ対策……自分がかからないように、人にうつさないように予防しているのなら、自分の心を守る。自分の気もちを守る予防もしましょう。

傷つけないように痛まないように自分の気もちも予防しましょう。気もちは源ですから。


「人の気もちを考えなさい」

「人のことを大事にしなさい」

小さいころから、親や先生に言われてきませんでしたか？

「自分を大事にしなさい」は言われたかもしれないけれど、私は「自分の気もちを考えなさい」なんて一度も言われたことがありません。

たいていの人は、あれしろ、これしろと指示命令されて育ちます。

こうしたほうがいい、こうしたら幸せになれる、成功できるというようなことを教わったりもします。でもそれは、行動の部分の問題であって、自分の気もちのことではありません。自分の気もちを大事する方法なんて、誰にも教わらないで私たちは大人になってしまうのです。


気もちが傷つきやすい、病気になりやすい環境で今、私たちは生きているんです。守りましょう！

今、

「命・生きること」を大切にするとは

「自分の気もち・感情」と対話をし、

大切にすること

気もちの授業

2時間目

ひとりで頑張らなくていいよ

Q

では、皆さんにまた質問です。

不安なとき辛いとき、苦しいとき、ピンチのとき「助けて」が言える人は誰ですか？

皆さんの気もちを受け止めてくれる人、誰の顔が頭に浮かびますか？
この人になら言えるっていう人は誰ですか？
皆さんが相談できる人、助けてが言える人、自分の本音を言える。
この人になら……の条件は何ですか？

決して、イライラしてる人、怒ってる人、しかめっ面してる人に相談しようとは思いませんよね。

日本人は、人に迷惑をかけてはいけない、と育てられて、なかなか人に頼れない、相談できないという人が多いんです。

私も入院しているときに、家族には迷惑をかけたくないっていう気もちがあり、言えませんでした。

どうにも動けないとき、本当にダメなときは、ふだんは見えるようなものも見えなくなっています。心の灯りをつけようにもコンセントの在りかさえ見えない。だからこそ、真っ暗闇の中で、味方になってくれる、灯りをともしてくれる人や助けてくれるものに気づけること、そういう支えを持つことは、自分を見失わないためにも、すごく大事です。

「助けて」って言える人は
誰ですか？
今の気もちを分かってくれる人は
誰ですか？

逆に、
「あなたにしか言えない」とか、
まわりの人から「助けて」を言われる、
相談を打ちあけられる…
そんな人になれていますか？

「助けて」って言っていいんだよ

苦しんでいるときに手を差し伸べてくれる人がいる。

私の場合そういう人がいてくれたおかげで頑張れました。一人じゃ頑張れませんでした。

首から下が動かなかった頃の私に、今だったらこう言います。

「君は一人じゃないから」
「相談できる人は必ずいるから」
「あきらめなくて大丈夫だよ」
「助けて、って言っていいんだよ」

ある小学校での講演の後、校長先生がおっしゃいました。

「子どもたちが毎日背負ってくるランドセルの中身は教科書だけではなく、助けてを言いたい悩みや苦しみも一緒に背負ってきているんですよね」

子どもたちに、もっと学校で爆発していいのに……と思うことも度々です、と。素敵な校長先生でした。

そしてある中学校では講演後、校長室で少し休んでいたら担任の先生が「これ見てください」と生徒さんが書いてくれた講演会の感想文を見せてくれました。

そこには『親が仕事でうつ病になり、会社を辞めました。そして先日、家族みんなで一緒に死のうと言われました。今、本当に家の中がいろいろ苦しい状態です。でも命の授業を受けて決めました。私は絶対に死にません。家族みんなでお父さんを支えて生きていきます』というようなことが書いてありました。担任の先生も全く知りませんでした。

校長先生が「この子も誰かに知って欲しかったんですよね。私たち教師も知ることができてよかったです」と。

心の荷物、置ける場所・人の存在は本当に大切です。

最後の最後まであきらめなかったね。
君は決してダメな人間じゃない。
君のことを必要としてる人が必ずいる。
君の人生は、君の力はこんなもんじゃない。
大丈夫。これからの君は大丈夫だよ。
今の辛い経験苦しい経験は、必ず将来の君の宝物になるから。
オンリーワンの存在の君が素晴らしいんだから。
だから、一人で頑張らなくていいよ。
でも乗り切るんだよ。
そして、頑張った自分に、
「助けてをよく言えたね」
そう言ってあげたいですね。

悩みは言葉にした瞬間、小さくなる

先日行った学校にこんな素敵な言葉がありました。

「悩みは言葉にした瞬間、小さくなる」

本当にその通りだなと思いました。一人で抱え込まなくても誰か相談する人がいたら軽くなると。

そう簡単に人に悩みを打ち明けられない……という人もいるでしょう。

でも、そのままの自分の気もちを分かってくれる人がいる。受け止めてくれる人がいる。自分の立場に立ってくれる人がいる。……そういう人が一人でも二人でもいてくれたら違います。安心できるし、素直になれます。だからこそ、勇気を出して言ってみてほしいのです。

茨城県のある中学校で『命の授業』が終わったとき、質問タイムの中で一人の生徒さんから、こんな質問が出ました。

「お父さんが脳梗塞で倒れました。今、私は何をしたら良いでしょうか？」

と涙ながらに話してくれました。

「君がつらいときは友だちや先生の力を借りて、まず自分の学校生活を楽しく過ごすことが一番大事。お父さんには「一緒に頑張ろう」って声をかけてあげて。そしてもう一つ、君がお父さんとこれから一緒にしたい夢を伝えてあげて」と伝えました。

正解かどうかは分かりません。でも、彼の気もちは痛いほど分かりました。


自分がつらいことを経験した人は、人の気もちが分かります。相手の立場になれるんです。誰でも相手のことを思いやることはできるけれど、同じような経験をした人でないと、分かりません。いえ、本当のところは他人の気もちなんて誰にも分からないのです。

交通事故で脊椎損傷し、車いすの生活をしている友人がいるのですが、彼の気もちが私には少なくとも分かる気がします。一瞬にして世界が変わってしまったから。一生寝たきりか、よくて車いすと言われた私だから……。

しかし私は正直、がんの人の気もちは分かりません。自分がなったことも、そこでもがいたこともないから。同じような苦しみもあるのかもしれないけれど、本当のところはやっぱり分からないと思います。

言葉に出しましょう。分かってもらうためにも、勇気を出して。

できない人は一人で頑張り、できる人はみんなで頑張る

できない人は言葉で説得。できる人は行動で説得。
できない人は話したがり、できる人は聞きたがる。
できない人はお金を求め、できる人は成長を求める。
できない人は過去にこだわり、できる人は未来にこだわる。
できない人は不可能と思い、できる人は可能と思う。
できない人は他人のセイにして、できる人は自分のセイにする。
できない人は一人で頑張り、できる人はみんなで頑張る。

できる人もできない人もみんな、そんなに能力に差はありません。ほんの少しの意識の差によって結果、手に入るものが変わってくるだけ。意識の質が高まれば行動の質が高まり、行動の質が高まれば出会える人の質が高まり、最後は手に入る体験も変

わります。

どうせなら、応援される生き方をしたほうがいいです。不平不満、文句、いつもしかめ面で悪口を言っていたら誰も助けてくれません。応援してくれる人もいなくなってしまいます。

応援される生き方って、なんだろう？　約束を守る？　責任をもつ？

「気もちの授業」的には、いつもご機嫌でいることです。

じゃあ、どんな生き方が具体的にできる？

というところも、考えてもらえたらいいなと思います。

人生の中でピンチって何回もあったと思います。そのときに、どんな行動やどんな考え方でピンチを乗り越えてきましたか？

それを振り返るだけでも、ヒントは出てくると思います。

Q

質問です

みなさんがピンチのとき、
助けてくれた人は誰ですか？
どんなことをしてくれましたか？

思い出してみてください。
あなたを助けてくれた人を。応援してくれた人を。
支えてくれた人のことを。
あなたは決して、一人じゃないんです。

夢は「YOU・ME」

障がいをもった私に、3年1組の担任を持たせてくれた、当時の校長先生をはじめ学校関係者は私にとって、ドリー夢《ム》メーカーでした（夢を応援してくれる、支えてくれる人たち。それがドリー夢メーカーです。3時間目でも改めてお話しします）。どんなに感謝してもしきれないほどの気もちです。教育委員会にかけあい、何度も頭をさげてくれたのです。

どんな人の夢にも困難はつきものです。でも、その困難をともに乗り越えようとしてくれる仲間がいます。仲間がいればこそ、そこには感動があります。私は、仲間（教員、生徒たち、そして保護者の方々）がいたからこそ頑張れました。

夢あれば困難あり。困難あれば仲間あり。仲間あれば感動あり。

夢は今を生きる力です。夢があるから強くなれます。

あなたの今の夢は何ですか？　応援してくれる人は誰ですか？

覚悟を決めれば、味方ができる

たられればですが、もしあの時に、看護師さんやリハビリの先生や、3年1組のクラスがなかったら自分はどうなっていただろう。もし社会復帰をした後、そのまま養護学校の教師をしていたら、今の自分はどうだろう。と考えることがあります。どんな生き方をしているか分からないけれど、それでもきっと今を生きているはずです。

今年でケガをして障がい者になって19年になりますが、職種は違っても、悲観的な部分だけではなく、楽しみや喜びも感じて生きています。

つまり、長いスパンで見ると、なんとかなるんじゃないの？　と思えるのですが、その瞬間にこだわると、やっぱりいろいろなことを考えます。それも生きているからであり、自分の人生と真剣に向き合っている故に悩むし、苦しむし、不安になるんですよね。

でも、悩んで苦しんでいる人は、この方法でいいのかな、どうすればいいのかなと右往左往しがちです。

覚悟を決めて生きている人たちは、悩むこと、苦しむこと自体もないようです。なぜかというと、目の前のことを一生懸命やっているから。自分は今こうすると決めて、結果はどうなるか分からないけれど、やる。うまくいかなかったら「次」の行動。

「こうする」と腹が決まったときには、まわりが何を言おうが、もうやることをやるしかない。リハビリのときは、まわりから何を言われても、夢を与えてもらいスイッチが入っていたので、ワクワクしかありませんでした。

　まず何をしたかというと、「仲間をつくらなきゃダメだ」と思って、口しか動かなかったけれど、看護師さんやドクターやいろいろな人に「学校に戻りたいんだよね」と自分の夢を言いふらしたんです。

　まわりから、無理だよ、戻れるわけないよとか言われたりもしましたが、人によってはそれで凹んでしまう人もいるかもしれないけど、あのときは「自分で今できることは、仲間をつくるしかない」と思ったんです。

「学校に戻りたい」と言い続けられた理由は、本当にそうなりたいと思ったから。戻りたいと思った自分がいたから。あきらめる理由より夢を叶えるほうが重要だったから。そして、言っているうちに、だんだん力になってくれる人が出てきました。

悩んで苦しんでいても、自分が大事にしたいものに、まず気づく。気づけば、次の方法を考えられるから。すると自然と味方ができるものなんです。

誰でも、自分が大事だと思うことは命がけでも守ろうとします。そのとき、人から言われた方法でもいいのですが、自分からわきあがる自家発電のようなエネルギーで心に火をつけないと、なかなか頑張れないのです。キーワードはワクワク感。周りから無謀、無理と大反対を受けても、教師をやめてでも「命の授業」をすると決められたのは、子どもたちの笑顔にワクワクできたからなんです。

失敗することもある。選択肢が違ったら、次に変えることも全然ＯＫ。でも、するのは全部、自分。やっぱり人生の主人公は他の誰でもない、自分なんですよね。

主人公でいたいからこそ、自分の人生を歩みたいと思っているからこそ、うまくいかないときは当然悩むし、苦しむ。だから、苦しんでいるということは、自分の人生を一生懸命生きようとしている証拠なんです。

悩んでいるということは、自分を大事にしている、ということ

悩んでいること自体が、自分を大事にしようとしているんです。**そういう気もちがなかったら不安にすらなりません。**もうダメだと思ってあきらめたり、切り捨ててしまえばいいんです。自分を大事にしているから、大切に思うものがあるから、それを守ろうとしているから苦しいんです。

たとえばコロナ禍で飲食店の人たちがとっても苦しんでいます。それは、なんとかしようと思っているのに、その手だてが見えてこないから、もがいて苦しんでいるんです。店を手放さなきゃいけない状況の人も、「もう何もしません、全部頼ります」と無責任なわけじゃない。当事者として踏ん張れるところまで踏ん張っているのです。医療・福祉現場の方々、先生方、お父さんお母さん、そして子どもたちもそうです。

誰の人生の中でも、うまくいかないこととか、どうにもならないことはあります。自分が本当に大事にしているもの、守ろうとしているものがあるから悩むんです。

5つの誓い

「5つの誓い」は、私がそれをすることによって、いろんな人を喜ばせることができたり、自分を喜ばせることができたりするだろうと、自分が自分とした約束です。

（でも、本当は皆さんが自分の命でまわりを喜ばせる具体的な方法を考えてほしい。それぞれが、まわりの人や自分の命を喜ばせる方法が何かを考え、持っていてくれたらいいですよネ）

口 は、人を励ます言葉や感謝の言葉を言うために使おう

耳 は、人の言葉を最後まで聴いてあげるために使おう

目 は、人の良いところを見るために使おう

手足 は、人を助けるために使おう

心 は、人の痛みが分かるために使おう

Q. みなさんが自分とまわりの人を喜ばせる行動は何ですか？

口 は、自分を励ます言葉や感謝の言葉を言うために使おう

耳 は、自分の言葉を最後まで聞くために使おう

目 は、自分のよいところを見るために使おう

手足 は、自分を助けるために使おう

心 は、自分の痛みが分かるために使おう

助けてをよく言えたね
自分の心の声を聞き、
自分の一番の味方でいたね
絶望しなくていい
君は一人じゃない
相談できる人は必ずいるから

気もちの
授業

3 時間目

自分で
気もちを
整える

心の自家発電のススメ

つらいとき、苦しいとき、そばに誰かがいてくれることは心強いです。でも、みんな忙しくて、自分のことでいっぱいいっぱいです。ましてや、このコロナ禍でしょう。思いやりが大事と頭では分かっていても、みんな余裕がありません。

もうひとつ言うと、仲間がいればなんでも万々歳ではなくて、教育の弊害で、自分を他人と比較するという落とし穴にハマる場合もあります。比較をして、相手より下だと思うと、自分はダメだとなってしまうこともある。悪く思われたくないから、相手が欲しい答えを言ったり、相手の顔色や動きをうかがったりすることもある。だから、自分で自分をコントロールできたほうが絶対にラクなんです。

2011年の東日本大震災のボランティアに行ったときに、小学校の掃除を校長先生と一緒にしました。校長先生が掃除の後にこんなことをおっしゃいました。

「この避難所の子どもたち、今はニコニコしてるでしょ。でも、これは昼間だけなんだよ。ボランティアや励ましてくれる人たちの前で、こういう顔をするんだけれど、その人たちがいなくなると、みんな夜は泣いている」と。みんな顔が変わるんだ、と。

家が流されたり、家族を失ってしまった子どもたちもいっぱいいる。この津波以前は、子どもたちに生きる力を付けさせたい、何か苦しいことがあっても乗り越えられる力を付けさせたいと思って、先生たちとも協力してやってきたつもりだけど、今の子どもたちの顔を見ちゃうと、自分が伝えたかった、身に付けてほしかった「生きる力」って何なんだろうと考えさせられてしまう……と。

確かに、未曽有の大災害で、実際に行ってみると、テレビの画面からは伝わってこなかった壮絶な光景。大きな建物などがめちゃくちゃになってるんです。この津波に人間が飲み込まれたら……そして、テレビの画面からは伝わってこなかった臭い……。

その校長先生が、「つらいときには頼れる人の力も大事だけれど、心を自家発電できる力が必要。どんなことがあっても自分の力で自分を元気にできる、自家発電できる子どもをこれから育てたいと思っています」とおっしゃっていました。

心の自家発電。誰にでも必要なことではないでしょうか。

心を整えることは自分にしかできないから

いじめ、不登校の本人やご家族の方、障がい者の方や介護を受ける方とそのご家族。先生や経営者、管理職の方……たくさんの方から相談を受けます。

私は専門家ではないので話を聞くことしかできませんが、こう思います。

「いつまでまわりの環境や出来事、人、そして自分の過去の経験に囚《とら》われ、縛られ、苦しんで生きていきますか？」って。それで幸せですか？　楽しいですか？　あなたが苦しんで、まわりの環境や人は変わりますか？

皆さん真面目すぎるくらい置かれた環境で一生懸命に生きようとしています。でもそこに自分なりの理由を持ち続けるが故の苦しさを持ってしまって、心までまわりの環境に支配されているんです。

いくら知識やスキルを持っていても、最後は健康な心と身体がそれらを司《つかさど》り動かしていることと、**どんな環境でも心を整えることは自分でしかできない**ことにも気づい

スキル・目標 × 気持ちを整える

＝

集中力

その瞬間のやるべきことの質を高める

マイ・ベスト・パフォーマンス

ていないんです。

それは大人の世界だけの問題ではなく、子どもの世界でも外界のものばかりに目がいき、心がないがしろになっている学校、家庭教育に危機感を覚えます。

本章では、自分で自分の心を整えるためのヒントをお話ししたいと思います。

Q

質問です。

自分をご機嫌にできる小道具、持っていますか?

生きていれば、いろんなことがあります。誰にだって心が折れそうになるコト……ありません。でも人前ではそれを出さないようにできる人、人間としての安定感や安心感がある人は、たぶん自分の心が安定するための何か（それは人だったり環境や物だったり…様々でしょうけれど）を持っているんです。

プレッシャーやストレスを感じたときに、自分の心を調整できる方法を一つ持っていれば、いや、できるだけ多く持っていれば、これは最強です。

あ、心がやられそうだよ、やられてる、きたたきたーというときに、自分で平常心に戻したり、安心できたり、ご機嫌になれるようなものを、みんなが持てたらいいと思うんです。私は**ドリー夢《ム》ツール**と呼んでいます。

この言葉で元気になる、これをしたらホッとできる、ここに行ったら、これを持っていたら、自分を取り戻せる、会うと元気になる人……自分を元気にするツール、持っていますか？

自分を元気にするツールを持とう

❶ドリー夢《ム》ワード

この言葉を言ったら安心する、元気が出る。

そんな言葉が「ドリー夢《ム》ワード」です。安心する。元気になる。エネルギーが湧く。

つらいとき苦しいとき、自分を落ち着かせる。ホッとする。我に返れる。そんな言葉です。

自分なりのドリー夢ワードをたくさん見つけてみてください。ドリー夢ミュージック、音楽でもＯＫです。

以前の教え子が遊びに来てくれました。彼の仕事はリハビリの作業療法士（ＯＴ）。

最初に勤務した病院は精神科の病院で、入院患者さんたちにリハビリをしていたそう

私のドリー夢ツール＝
気もちが落ち着き、元気になる言葉やもの

快（息子）　ほたて（猫）　いくら（猫）　カツカレー
ありがとう　感謝　幸せ　大好き　笑顔
大丈夫　守られている　独りじゃない　今にベスト　集中
ご機嫌は宝物　感情の暴走は言動の暴走
せっかくやるなら楽しく　気もちよく
尊敬する人の名前や日めくりカレンダー
ロッキーの「チャンス」　小田和正　桑田佳祐　エンヤ
米津玄師　アイカさんの曲（命の授業の歌や「HEAR」）
ハイキング　ドライブ　永谷園の麻婆春雨など

です。その彼からこんな話を聞きました。

「7年間の勤務の中で100人以上の自殺事例を見てきました……」と。

言葉を失いました。そして次に彼が言った言葉です。

「先生（私）、薬より言葉です。言葉で人の命は救えるんです」

彼自身も何人もの患者さんから「先生のあの言葉があったから、死ぬことを止めた」と言われたそうで、「リハビリの技術も大事ですが、やっぱり患者さんの心に届くのは言葉なんです」

彼の説得力のある言葉は、経験とそれを生かした実践から出たということは言うまでもありません。教え子の成長が嬉しかったです。

だからこそ、自分が元気になる言葉を見つけてほしいです。

❷ドリー夢《ム》フェイス

学校の先生たちの研修では鏡で「笑顔を作ってから教室に入ってください」とお願いします。

だって、ムスーッとしたような顔で教室に入ってこられたら、それからの1時間の授業、子どもたちはどんな気もちで受けることになると思いますか？

先生、怒ってるね……。機嫌悪そう。そんな気もちでせっかくの授業を始めてほしくはありません。

先生がニコニコして教室に入ってきて元気よく、「おはよう！　今日も楽しく勉強しようね」と言われたらどうでしょう。

子どもたちの気もちは、先生の顔色ひとつでどうにでも変わります。やる気も元気も変わります。だからどうか先生方、ドリー夢《ム》フェイスを忘れないでください。親も上司も一緒です。笑顔の人に人は集まり、不機嫌な人から人は離れます。

③ドリー夢《ム》アクション

私はすごくつらいときは自分のことを抱きしめます。これが私のドリー夢《ム》アクション。よく頑張ってるね、つらいよね、苦しんでるねって。でも、よくやってるよって。自分のことをなんとかしようと思ってるんだよねって自分に言いながら、抱きしめます。

ケガをするまでは、自分を抱きしめてあげたことなんか一度もありませんでした。でも、自分を抱きしめることができるようになり始めたら、気もちが落ちつき始めて、**自分の人生の主人公は自分**だと思えるようになりました。自分の一番の応援者は自分でいい。自分の一番の理解者は自分でいいんだ、と思えるようになりました。

自分を元気にできる。自分を安心させる。自分をホッとさせる行動。呼吸でもOK。もちろん運動や体操も。みなさんだったらどんな行動（アクション）をとるのがいいですか？

❹ドリー夢《ム》グッズ・プレイス

私には、唯一無二のドリー夢《ム》プレイス（場所）があります。それはケガをしたスキー場と病院。毎年3月1日は、転んだゲレンデと長野の佐久総合病院に必ず行きます。

助けてくれたドリー夢《ム》メーカーたちがいっぱいいる場所だから。命と向き合った場所、ある意味で生まれ変わった場所だから。毎年一回足を止めて、この一年間も感謝を忘れず命を喜ばせて生きよう。必ずまた一年後にここに戻ってくると誓います。

つらいリハビリで私を奮い立たせてくれたのは、リハ室に持っていった3年1組の子どもたちの写真。この子たちが待っていてくれる……どれほど勇気づけられたことか。この写真は私の何にも代えがたいドリー夢《ム》グッズです。

❺ドリー夢《ム》メーカーとドリー夢《ム》キラー

ドリー夢《ム》ワード、ドリー夢《ム》アクション、ドリー夢《ム》フェイス……皆さんなりに持ってもらえたら嬉しいなと思います。ドリー夢《ム》プレイスでもドリー夢《ム》フーズ、何でもいいです。手足の動かない私のモチベーションは、病院の食堂のカツカレーでした。大好物のカツカレー、必ず手を動かして食べる‼ 居心地のいいこと、楽しいもの、お守りだって何だっていい。そういうツールがあるだけで、今のこの気もちの状態をちょっとでも変えることができるなら、持たないのはもったいないです。

気もちがへこんでいようが、ご機嫌だろうが、目の前のやらなきゃいけないことは変わりませんから。だったら、少しでも楽しくやったほうがいい。どんな気もちでやるかで、能率も、効率も、時間も結果も変わってくる気がします。

そしてすごく大事なのが「ドリー夢《ム》メーカー」。私の講演会の主催などをしてくださる方々はみんな、私にとってのドリー夢《ム》メーカー。「ドリー夢《ム》メーカー」とは、夢を応援してくれる人、一緒に頑張ってくれる人だと思っています。

自分を大切にするからこそ
人を大切にできる

自分が自分のドリー夢《ム》メーカー
であるからこそ
人のドリー夢《ム》メーカーにもなれる

世の中にはドリー夢《ム》メーカーとは真逆の人も存在します。自己中心的で相手のことを考えず、自分の欲のために相手を利用しようとし、傷つける人です。そういう人をドリー夢《ム》キラーと私は言っています。

自分自身が有害な人間にならないためにも、どういう人が有害であるかを考えてみてください。自分がドリー夢《ム》キラーにならないためにも。1日24時間みんな平等です。皆さんは自分の中にドリー夢《ム》メーカーとドリー夢《ム》キラー、どちらと生きてる時間が長いですか。

皆さん自身が命と気もちを大切にして、
自分の中のドリー夢《ム》メーカーと生き、
ご機嫌に笑顔で
子どもたち・大切な方の
ドリー夢《ム》メーカーでいてください

先輩から言われました
「イライラしていて何かいいことある?
世の中で一番の社会貢献は、
自分がご機嫌でいること、笑顔でいること」

私は心がけています
自分のご機嫌は自分でとる

気もちの授業

4時間目

幸動《こうどう》すること

Q

質問です。

不安になるのはなぜだと思いますか？

悩んでいること、苦しんでいることは悪いことじゃない。嫌でもそういう環境はきてしまいます。でも、そもそも悩んだり苦しんだりするのは、どうしてだと思いますか？

不安の「不」という字を見てください。

矢印はちゃんと上を向いているのに、その上に大きな重しがどかんとのっている。皆、最初は自分でその重しをなんとかしようと頑張ろうとする。でも、その重しが大きすぎると、頑張ろうという矢印がどんどん下を向いてしまうんです。

最初からやる気がない人、どうにかしようと思わない人はいません。

そこには諦める原因がある。諦めざるを得ない原因があるんです。

何かというと、見通しが立たないことを自分一人で頑張っちゃう、ということ。一人で頑張ってエネルギーが枯渇《こかつ》してしまうんです。

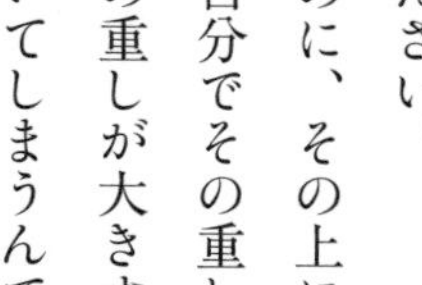

そんなとき、誰か助けてくれる人がいたら？

ひとりじゃない、って心強いです。でも、そこで実際に動くのは誰か？　というと、やっぱり「自分」なんですよね。

自分から「助けて」「協力してください」って言わない限り、誰からも気づいてもらえない。アクションは自分で起こさないと助けてもらえません。

「気もちを分かってほしい」「助けてほしい」という気もちと、自分が主役だということは、切り離されているものではありません。

行動するベースの部分で、自己受容や自己肯定感も関係してくるのでしょうが、結局、自分の今ある環境、人脈を使うか使わないかは自分次第なんです。

不安になるのは、なんとかしたいという気もちがあるから。この環境を変えるために、どうにか動きたい、でもどうしたらいいのか分からない……つまり動き方が分からないから悩んでしまうのです。

なんとかしたい気もちがある自分がいる、ということに気づけると、なんとかするための方法は？　なんとかできる環境や人や方法はなに？　と次のステップに行けます。

しっている、と、している・できるは違います

講演では、最後に宿題を出します。「祝題」と言って、

「自分とまわりの人の命を喜ばす行動を一つずつ増やしてほしい」と。

ある校長先生から「最後の祝題はいいですね〜。特に先生方や保護者にも出してくれるところが嬉しいです。まずは教師や大人からですからね。私も明日、子どもたちに何を宣言するか今から考えます」と言われたことがあります。

そして校長先生、こう言われました。

「しっていることとしていること、一字違いですが大違いですから」

なるほど〜‼　素直な私、翌日の講演から祝題の前にこのフレーズを使わせていただいています。


講演家という仕事を続けてこられたのもある意味、私があれもこれもという器用さ

をもてず、不器用なことが功を奏している気がします。

「これ」と決めたらできるまでやる。「しっていること」を増やすより、「しているこ
と」を深めていきたいと思い、日々過ごしてきました。

それは、知識メタボになりたくないから。知識メタボ。たくさんのことを知ったり、
覚えたりしても、結局使わなければ意味ないんです。

本を読んで、自分の生き方は間違っていないと確認するのもいいのですが、何か新
たな発見があったときに、それをどう行動に移せるかというところが大事だと思うの
です。

私はよく幸せに動く力で「**幸動力**《こうどうりょく》」という言い方をしているのですが、10個知ってい
るよりも、1個でも何か動けたり、習慣になったことが人生には大事だと思ってい
ます。

人と話すには、いろんなことを知っていることも大事ですが、最終的には、「その
言葉、どの口が言ってるの？」「誰が言ってるの」となったときに、誰かから聞いた
言葉を言っているのか、自分がそれを経験して言っている言葉なのか、で言葉の深み、
説得力は全然違いますよね。それが、いい、悪いは別にして。

知覚動考（ともかくうごこう）。大好きな言葉です

「知覚動考」ともかくうごこう、と読みます。

それが人間関係、恋愛、仕事、勉強でうまくいく人の共通点です。

「知ったら動く」。動きながら考え、動きながら修正する。覚えるだけじゃなくて動いてみる。やりながら考える。そうすると見えてくるものがあります。だから、知覚動考（ともかくうごこう）。

不安でうまくいかないかもしれないと考え始めると、できない理由、やらない理由をいっぱい考えて、みんな動こうとしなくなります。やったって意味ない。やらなくたって生きていける。必要ないよ。関係ねえよ。ではなくて、まず動いてみてやってみる。これを大事にしてほしいなと思います。

人間関係・恋愛・勉強・仕事でうまくいく人の共通点

知覚考動ではなく

知《とも》覚《かく》動《うご》考《こう》

考えてから動こうと思うと、なかなか動けないことがあります。
まずは一歩でも動くこと。動きながら考えればいいんです。
動かないと見えてこないもの、動き始めると見えてくるものがあるから。

「感動」（CAN　DO）――感じたら、人は動くもの

「命の授業を聴いて、その後どのくらいの人が何かしらの行動をしてくれていると思う？」と質問され、

「1／3くらいは……」と言いたかったところですが、

「おそらく0に近い」と答えました。

「多分そうだろうね」「〝いい話だった〟と言った人や、〝そんなの知っている〟と思って聞いていた人は絶対に動かない」と言われました。

感動とは、感じて動く。どのような場面であっても「あっ‼　そーだったのか」と一つでも自らがその気づきを得たら、人は動き出そうとする。往々にしてその気づきは悩みや苦しみ、不安と直面しているときや、本当に学びが必要と感じているときにやってくると。それでも間に合えばいいが、自分のセルフイメージが低くなりすぎてしまい気づいても「どうせ……」と動けない人もたくさんいる、と。

トイレ掃除を一緒にさせていただく方との話で気づかされたことです。

いざ、「トイレ掃除をしよう」と汚れた便器を前にまずすることは、その汚れを受け入れること。そして自分事として考えること。言われてみれば当たり前のことなのですが、そうしなければ、その便器に自らの手を汚すことはしないと。

自分の人生においても目の前の問題に自分事として自ら解決に取り組むか、知らん顔をして、他人事にして逃げるか。掃除はとてもいい人生の習慣になると。

また学校で生徒さんたちとトイレ掃除の実習をし、掃除が終わった後、必ず生徒さんたちにしてもらうことがあるそうです。なんだと思います？

自分が磨いたトイレで用を足させる。そしてどんな気もちだった？　と質問するそうです。すると生徒さんたちは汚さないように使いましたと。そしてその方は、こう言うそうです。

「今まで君たちが使ってきたトイレは誰かが手を入れ、掃除してくれてたんだよ」

体験に勝る学びはないですし、まさにこれこそ感じたら動く。感動（ＣＡＮ　ＤＯ）でした。こんなことが伝えられる大人でありたいです。

「感」じたら「動」く

“知る”と“やる・できる”は違います

▼

「感動」
CAN DO

直《じか》の経験を放棄することは感じる力、考える力を放棄すること

終末期の在宅ケアに力を入れる先生の話を聞くことができました。その先生の話の中で「家庭における直の放棄」という話がとても印象に残ると共に、親として、大人としてハッとさせられました。

子どもたちは家での出産も死も直に体験しなくなった。それだけではなく親は食事や勉強、介護も理由をつけて外に任せはじめたと。子どもはどんどん直に接する機会が少なくなっている。子どもの成長における一番の先生は自然と家庭です、と。

直の体験の不足は感じる力、考える力、想像し思いやる力、感謝の力、そして耐える力の低下につながるとも言われていました。

いくら学校で知識やテクニックといった頭で分かるものを詰め込んでも、世の中に出て役に立たない。なぜなら世の中は答えはすぐには見つかりづらい〝生物（なまもの）〟だから。知識だけなく、知恵がないと通用しない世界だから。知恵は直の体験

が生み出すものであり、知識やテクニックを持った先生は多いけど、知恵を持った先生が少ない。知恵を持たない先生の授業が楽しいはずがなく、それが子どもたちが学校が楽しくないという原因の一つです、とおっしゃっていました。

言われたこと決められたことをきっちりする。それも大切です。しかしイレギュラーなことが起こったとき、どう対処するかは、それまでに起きたピンチを自分がどう乗り越えてきたか、どんな人が力になってくれたかでその後の生き方、仕事の仕方は大きく変わる気がします。

先生に限らず人生、右往左往して生きてきた人には知恵と魅力という味があります。人が知らないその裏で、どんな葛藤や経験を積んできているか。直の経験をどれだけしてきたか。

あなたは今、直の経験を自ら放棄していないでしょうか。

あの経験をいかし、成長したね！
悩んで苦しかった経験は、
あのときがあったから…
未来の君の宝物になる

本当の自信をつける

経験のないこと、過去に失敗経験のあることなどから行動やチャレンジに不安を感じ、あきらめてしまう子どもたちに、どうすれば自信を持ってもらえるか。

多くの人は、これまでの自分の実績や、まわりからの評価があってはじめて自信が持てると思っています。結果が出れば自信がつく。確かに今までにない結果を出せば、それはとても大きな自信になります。

しかし、外側の要因に振り回されるのでとても不安定で、何かの拍子＝失敗で吹っ飛んでしまいます。結局、結果を出せれば自信がつくと思い込んでいる人は、心は失敗のたびにポキポキ折れ、いつまでたっても自信がつかないのではないでしょうか。

こんなことを繰り返してきた自分の経験を伝えたうえで、私が思う本当の自信とは**「自分を信じると自分が決める」**ただそれだけです。なぜなら自分を信じるのに根拠や理由は必要ないから。それまでの経験や実績は関係なく、今、このときから自分を信じると自分が決める。

自分の心を外側の要因でつくるのではなく、自分の内側にある力でつくることが「本当の自信」。心の状態を自分でコントロールできれば自ずと行動も変わり、実際に結果も出てきますし、さらに結果を出したことによる自信もつきます。自信がつくので、新たなことにも躊躇せず挑戦できます。このような好循環のほうがいいとは思いませんか？

誰の目も誰の評価も気にせず、ただ「自分を信じる」という習慣を身に着けたいですね！ これこそ一番、自信をつける簡単な方法ではないでしょうか。

皆さんの自信をつける方法はどうですか？

自信は外側からではなく
内側にあるものでうまれる。
内側からの自信は
いいスパイラル（循環）につながっていく

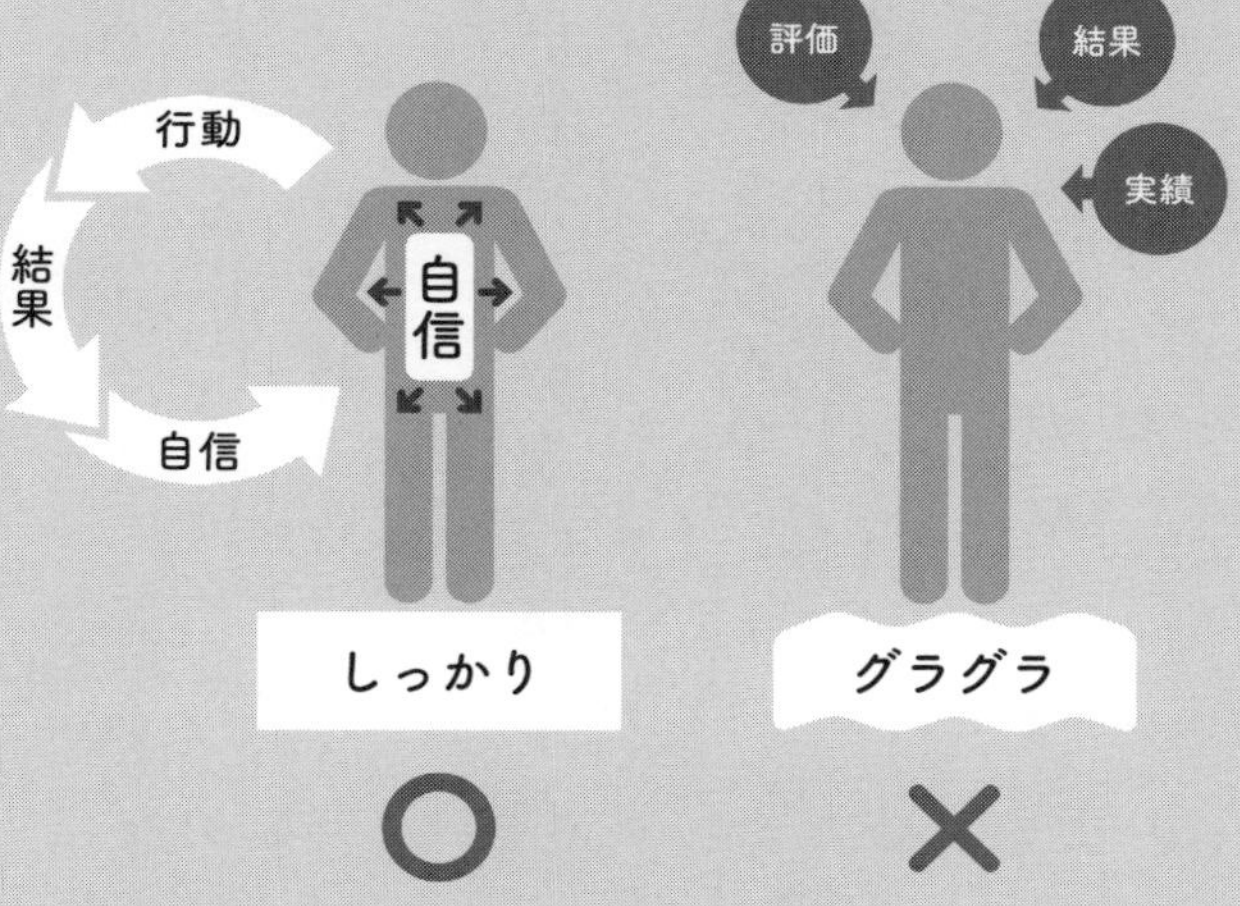

Q

質問です。

相手の話を100パーセント
ちゃんと聞いてあげる、というのは、
どういうことだと思いますか？

私が大事にしたい言葉は「理解してあげる」です。

寄り添うというより受け止めてあげる。アンダースタンド。だから共感ではありません。受け止めて、理解する。**私のキーワードは、「そうなんだ」。**

そうなんだ。きみはそう思ってるんだ。私は家族やいろいろ人たちの話を聞いたときに言う言葉は、それです。

「そうなんだ」と、受け止める。あなたのその気もちと考え方に共感しているわけでも、納得しているわけでもない。でも、考え方や気もちは尊重するよと。

そのあとで、「腰塚さん、どうですか、どんなことをやったらいいと思いますか」と言われたら、「私ならこうする。私はこう思うよ」と答えて、ストップ。**最後に決めるのはあなただから。**

「私はこうだけど」ということは言えるけど、決めるのはあなたです。強制、コントロールはしません。相手を受け止めてあげると、自分の意見も受け止めてもらえます。そうなんですネ。そう考えているのですネ。でも決めるのは自分です。

行動を変えたければ、その人との関係性を変えない限り変わりません。私の大好きな言葉です。「馬を水場に連れて行っても馬に飲む気がなければ水は飲まない」

私は私のことをする。あなたはあなたのことをする

私が今とっても大事にしてることです。

健全な集団、健全な家庭はそれぞれが、みんな「境界線」をちゃんと持ってるということ。

お父さんお母さん、子どもたちがそれぞれみんな、これ以上は家族だろうと誰だろうと入ってこないで、という境界線をちゃんと分かっている。

たとえば私には、家族の中で3つのルールがあります。

1つは、境界線を必ずつくる。

たとえば息子の部屋に勝手には入らない。ちゃんとノックしてから入るようにしています。親子の関係でも、嫌なものは嫌だと、ちゃんと言えるようにしたいと思っています。夫婦であれ親子であれ、お互いの人格を尊重する。これ以上踏み込んでいかな

い、干渉しない、これ以上は言わないという境界線をちゃんとつくる。

2つ目が、コントロールしない、押し付けない。

「こうじゃない？」「俺はこう思うよ」と意見は言いますが、選び、決めるのは自分、その責任は言い訳せずに自分でとる。だって、いやじゃないですか。あのとき、本当はやりたくなかった……なんて、人のセイにされるの。

3つ目は、それぞれの感情を引き受けない。

家族がイライラしている感情、気もちを引き受けない。怒っているんだな、虫の居所が悪いんだな、と理解はしますが、そこまでです。

相手の感情を引き受けてしまうと、どこかで顔色をうかがったり、ご機嫌を取らなきゃいけなくなります。感情を解決するのはそれぞれ本人であって、こちらではない。というようにしています。もちろん、よっぽどのときは「何かあった？」と聞きますけどネ。

この3つは、家族関係だけではなくて、他の人間関係にも当てはまると思います。

自分が自分のことをちゃんと守ってあげたいからこそ、私がとっても大事にしている言葉です。心理学で有名な「ゲシュタルトの祈り」を私なりにアレンジして自分自身に語りかけたりします。こんな感じです。

私は私のことをする。
あなたはあなたのことをする。
私はあなたの期待に応えるために生きているわけではない。
そしてあなたも私の期待に応えるために生きてるわけではない。
私は私。あなたはあなた。
私がすることは私自身と自分の気もちを大切にすること。
自分の一番の味方でいること。
自分を許し、愛し、自分の中のドリー夢メーカーとご機嫌に自分らしく生きること。
それがまわりの人のドリー夢メーカーになることだから。

自分を一番大事にして、自分を大事にするからこそ、まわりも大事にできる。
そんなことを感じています。

家族のこと、まわりのこと、
ちゃんと尊重しよう
違いは違いであり間違いではない
家族や人といて、イライラムカムカするのはなぜか
その大きな原因は
相手をコントロールしようとするから
相手を自分の思った通りにしようとするから

家族だって人だって、みんな考え方は違う
そんなシンプルなことを忘れないでいよう

「違い」ではなく「同じ」に目を向ける

違いを認めることと同じくらい大切にしてほしいことがあります。それは「同じ」ところです。

講演後、生徒さん、先生、主催者、聴講してくださった方々から、たくさん感想をいただきます。先日、こんな質問がありました。

「腰塚さんと僕たちの共通点は何ですか？」

この質問は私が知る限り、初めてでした。

私が教師のとき、先輩から教えてもらったことです。

人は何かを見たり聴いたりしたとき、「自分や自分たちとの違い」ばかりを最初に探してしまう、と。それを成長のきっかけととらえ奮起できる者もいるが、多くの人は「そんなの無理」「難しい」「できない」という結論を出してしまい、〝違い〟ばかりを見つける習慣がつき、〝同じ〟を見つける力が弱まっている、と。

〝違い〟を知るだけではなく、〝同じ〟を知る。同じ部分に興味を持つ。すると親近感がわき、心が軽くなり元気も勇気も希望も湧いてきます。

同志・同意・協同・同郷・同法など、「同じ」は元気や勇気をもたらす効果がありますす。だからこそ、違いのある自分自身を輝かせるためのスイッチがＯＮになるのです。

同じを知る。同じを確認する。だからこそ違いが磨かれ輝く。家族でも、職場でも、初対面の人とでも、どこでも意識し、実践したいものです。

本気の大人、教師たち。子どもには本気のものしか伝わらない

私の講演の7割が学校で、一番多いのが中学校、次は小学校、そして高校、看護、福祉の専門学校です。呼んでくださる「言い出しっぺ」の方は一番のドリー夢メーカーです。

皆さんに共通していることは、自らが子どもたちのお手本になる意識を持っていること。生き様で子どもたちに教えることを大切に考えている方ばかりです。言行一致の生き方です。

先日伺った東京の足立区の中学校は圧巻でした。

生徒さんたちの昇降口から学校中の壁という壁にここ数年間の文化祭、体育祭、部活などで子どもたちが本気で取り組んでいるいい顔をした写真が貼られているんです。その数4000枚です。それも全部子どもたちのためだったら、学校のためだっ

たらと、先生方の自己負担。そして公立学校にもかかわらず、「うちの学校は日本一子どもたちにやる気と感動を与えられる学校です」と先生方が言い切るんです。地域でも自慢の中学校のようで講演が冬の午前中ということもあり体育館が寒いだろうと、地域の方がストーブを持ってきてくれる、そんな学校でした。

また静岡で伺った中学校の校長室にあった学校教育指針は、「子どもたちに自分の将来を思い描かせる。自分はどんな大人になりたいのか。そのために、今をどのように生きるべきなのか。それを考え学ばせる学校でありたい」。この指針を読んだときに「あなたは大人として子どもたちのモデルになっていますか？」そんな質問をされている気がして、大人として親として背筋が伸びたときでした。

私の講演を聴いてくださった方からこんな感想をいただきました。
「子どもたちの楽しそうに講演を聴いている姿が印象的でした。楽しんで聴いていた子どもたちは、腰塚さんに対して安心と信頼を持っていたのだと思います。なぜなら子どもの反発は大人のごまかしによるところが多いからです。子どもたちの目は厳しいです。ある意味ものすごく残酷です。本気のものしか伝わらないから。子どもが一緒に楽しむことのできる大人は信じられてる証拠なんです。逆に言えば大人を信じてくれている子どもたちなんです。これからも一期一会を大切になさってください」と書かれていました。

喜びより胸に刺さった言葉の数々でした。

講演で伺う全国の先々でたくさんの素敵な大人たち、先生方に出会えます。こんな幸せなことはありません。日本全国各地にその土地ならではの良さがあり、そこで暮らす方々の人間味や温かさがあるんです。本当に日本って素敵な国です。

この気もちを、講演で出会う子どもたちに伝えています。

日本って、素敵な大人がいっぱいいて、素敵な場所がいっぱいあるって。

そして最後にこう伝えます。

先生や大人を信じて大丈夫。頼って大丈夫。って。

気もちの授業

5時間目

それでも
くじけそうなときには…

命は、いま自分が使える時間

「ケガをする前とケガをした後では、あなたの人として醸し出す味が変わってきてはいませんか？」と言われたことがあります。

「私の味？」続けてこう言われました。

「辛いの他の読み方はなんですか？　苦しいはどうですか？」

「辛いは『からい』。苦しいは『にがい』です」。と答えると、

「その時々の気もちを感じながら、その時でないと味わえない味をなめているんです。あまり美味しくない味ばかりですけどね。その味をなめ続けること、なめ切ることでそれがその人の味わい、風味となるんです。なぜなら逆に「甘い」に他のいい方はないですよネ。〝霜に打たれた柿の味、辛苦に耐えた人の味〟。大事なことは耐え切れるか、乗り切れるかどうかです。それを乗り越えた人にはちゃんとご褒美があるんです」

と。

あなたのまわりには、深みのある味を持っている人はいますか？

ケガをしたとき、ある方からこんなことを教えてもらいました。「辛い」と感じるのは今の状態でも明日があるからなんだと。だからこそ、その辛さを少しでも軽くするコツは一人で抱え込まずその不安を人に話し、力になってもらうこと。私はそれ以来「助けて」を言うことが得意になりました。

私が尊敬する鍵山秀三郎さんが大病をされたあと、こんなことをおっしゃいました。病院にいれば早く退院しろと言われるし、家で痛いと言えば病院へ行けと言われるし私には行くところがないんです（笑）、と。辛さを笑いに変えてしまう鍵山さん。そして覚悟とご自分の美学の中で〝今〟を生きている姿は、やっぱりカッコイイです。

命は、いま私が使える時間。あなたは、命という時間をどう使いたいですか？

すべては自分が源

中学生から、こんな質問をされたことがあります。

「腰塚さんは私たちにどんな大人になって欲しいと思っていますか？」と。

「感謝の気もちを忘れず自分の言動に責任を持てる人」

「うまくいかないとき、人のセイにしない人」

と答えました。

今だって私自身、不安や悩みはいくらでもあります。その中で毎日を生きています。でもそれは私だけではないですし、不安や悩みがあるからこそ成長できることも知っています。

そのために大切なことは、自分が人生の主人公であることから逃げないこと。

ごまかし流さないこと。

そのときの現状で対応は違っても、目の前のことに一所懸命に頭と身体を使い、べストを尽くす命の使い方をしたいものです。

自分の思うようにならなかったら人のセイ、環境のセイ……言い訳をし、常に逃げ場を用意する。自分の命・人生の時間をそんなことに使っていたらもったいないです。それって「セイ」にしているものに、自分の人生をコントロールされているってことですヨ。

どうせなら、「セイ」じゃなくて、「タメ」にしてみませんか。

誰かのため、何かのため、そして自分のため。「タメ」に生きたほうがきっと楽しいです。

でも、誰かや何かのために頑張りすぎて、つらくなってしまったら……思い出してください。あなたは一人じゃない、って。


以前、「腰塚さんは命より大事なものはありますか？」と聞かれたことがあります。私は躊躇《ちゅうちょ》なく「はい、あります」と答えました。

皆さんは自分の命より大切なもの、何か思いつきますか？

私にとって命より大切なものは、毎日やっても全く苦にならない仕事と、私の命を喜ばせてくれる家族や仲間の存在です。

日々たくさんの方々の支えと助けがあって、生かされ、仕事をさせてもらって、本当にありがたい。今こうして生きていられるだけでも、身体が動いてくれるだけでもありがたくて仕方ないんです。だからこそ、その感謝に応えることは今日、今ある命を本気で使うこと。今ある幸せに意識を向け、気づき、かみしめ味わい、感謝と共に一日、一日を生きていきたいのです。

あなたのことも、支えてくれる人、応援してくれる人がいます。それは近くの人ではないかもしれない。空の上で見守っている人かもしれない。もしかしたら、おてんとうさまかもしれない。あなたは気づいていないかもしれないけれど、今この瞬間、誰かがあなたを思い出してくれているかもしれない。

心配しなくていい。あなたのまわりには、本気で思ってくれているドリー夢メーカーがたくさんいるはずだから――。

足の引っ張り合いから手の引っ張り合いへ

ある会社の経営者の方が、「どんな人になりたいの」と子どもに聞いたら、「その質問って結構難しいんだよ」と言われたそうです。

でも逆に、どんな大人になりたくない？　というと、子どもたちはいっぱい言ってくる。これまた面白いなと思ったんです。

子どもは見ています。大人の言っていることとやっていることが違うかどうか。矛盾とか丸見えです。

ある中学校で講演後、こんな感想をメールでいただきました。

そこには「私は５つの誓いの口と手足の使い方が一番印象に残っています」と書かれていて、私のまわりには人の悪口や足を引っ張ってばかりいる「大人」が多くイヤな気もちになります。私はそんな大人になりたくありません。

悪口を言うより励ましやありがとうの言葉を言いたいです。そして足の引っ張り合いをするのだったら、手の引っ張り合いをした方がみんなを助けられると思います。助け合いながら生活したほうが楽しいし、笑顔でいられ、いじめもなくなると思います。腰塚さんが言うように自分の身体をどう使うかを決めているのは自分なんですよね。だから私は特に口と手足の使い方を大切にしたいと思っています。


足の引っ張り合いから手の引っ張り合い。

目からウロコでした。本当にその通りです。

いつの時代も子どもたちは大人たちや地域、日本の希望の光であり、宝であるはずです。だからこそ私たち大人の見せる姿、生き方、語る言葉から学ばせるべきものがあるのではないでしょうか。

子どもたちからガッカリされる大人ではいたくないです。

手の引っ張り合いが大人も子どもも当たり前になるような、そんな社会を目指していけたら、みんなが幸せになりますよね。

人を助けることはできなくても人を傷つけないことはできる

この間、すごくすてきな言葉と出会いました。

人を助けることはできない。
でも、傷つけないことはできる。

人を助けることまではできない。できないけれど、人を傷つけないことはできるという。シンプルだけど、すごく深い言葉だと思いませんか。

私は人を理解し、応援したいと思っていますが、助けられるか、というと正直、自信がありません。それでも、せめて傷つけないでいよう。他人の心に刃を向けないでおこう。一人ひとりがそんな意識で生きていけたなら、この世はもっともっと優しい社会になるのではないでしょうか。

先生を、大人を信じてほしい　自分の命の力を信じてほしい

私の講演活動を続ける理由の一つが、このことを子どもたちに伝えたいからです。それは教師のときも、親になっても、講演家としても、そんな大人でありたい。

先生たちを信じてほしい。

大人を信じてほしい。

先生たち、大人を頼ってほしい。

そして自分の中の命の力を信じてほしい。

君たちのまわりには、助けてくれ、力になってくれるような信用できる大人、親、先生たちがいるから大丈夫だよ。決して一人じゃないから。そうであってほしい。

それは大人として自分にも言っていることです。そんな大人でいたい。子どもから頼ってもらえる、子どもから信じてもらえる、「助けて」と言ってもらえる、そんな大人でありたいです。

もしあなたが今、何かに悩んでいるとしたら、それはあなたが心優しいから。一生懸命、頑張っているからです。

本当につらいときって、誰にも言えません。ひとりで抱え込んで、ひとりで苦しんで、ひとりで重荷を背負って、歯を食いしばってしまいますよね。

あなたはもう、じゅうぶん頑張っています。だから、これからは自分に優しくしてください。心の荷物をそっとおろしてみてください。自分の気もちに素直でいてください。自分のために生きてください。

ひとりでどうにもならなくなったら、「助けて」って言ってください。助けてくれる人はきっといるから。世界中が敵に見えるような世界で生きていたとしても、絶対に味方はいるから。

あなたは決して、ひとりじゃないから。

よく頑張ったね
生き抜いてくれてありがとう

「気もちの授業」に寄せられた感想の数々

つい自分の気持ちに嘘をついてしまい自分を苦しめてしまうことがよくありました。自分の気持ちを大切にすることが重要だと分かったので、今後の生活などでまずは自分自身を見つめ直して行動していきたいと思いました。

娘が感情の起伏が激しく、怒ることが多くて母親の私も振り回されることが多かったので、とても勉強になりました。終わってから早速、娘のごきげんドリー夢ツールを聞き取りました。今度怒りが収まらなかったら使ってみようと思います。

お話ししていただいたことを、まずは自分から、そして、生徒や我が子にも伝えていきたいと思いました。

時には怒るときもありますが、喜んだり笑ったり、また悲しくて泣いたりする自分を誇りに思うようにします。そんな私を受け入れて、受け止めてくれる家族にも感謝をします。

大切な言葉を、何度も繰り返し伝えてくれたので、分かりやすく、娘も自分なりに考えノートにメモをしながら聴いていました。そのメモには『悩みは言葉にした瞬間小さくなる』と『自分の気持ちを大事にする』に下線が引いてありました。

腰塚先生の「命の授業」も良かったですが「気もちの授業」はもっと良かったです。

もっともっと自分の心の声を聞いて、時には自分で自分をハグしたいと思います。自分の気持ちを大事にすると、心からやりたいことも見えてくるということがわかりました。

行動と結果にばかり意識を向けがちで、気持ちには意識は向けにくいというお話に、はっとしました。私が母として、家庭でため息ばかりでなく笑顔でいることの大切さに改めて気づかされました。

子どもが「助けて」を言いやすい私でいたいと思いました。

分かりやすくお話くださり、生きる上で大切なことが集約されていると思いました。ありがとうございました。

自分をご機嫌にすることの大切さ。人を思い通りにしようとするからイライラするんだということ。目から鱗が落ちたような感覚でした。

子どものころから、自己犠牲は美学のように教えられてきました。そのため、自分の心が悲鳴を上げそうな時でも、自分では我慢をしていたつもりです。自分では気づいていないだけで、周りには枯れ切った気もちの湖を見せていたのかもしれません。これからは、もう少し自分自身の心にも耳を傾けて、自分にも優しくありたいと思います。

誰にも理解してもらえないと思って心の奥にしまってきた気持ちが腰塚先生のお話を聞いて、溢れだしました。私だけではないんだと思い、涙が溢れました。

講座後、心の湖が満たされ自分の心がぽかぽか温かくなりました。今まで自分がいかに自分の声を聴いてこなかったか、一番の味方の自分にキツイ声を掛けてきたかに気付きました。自分を守り大切にすること、家族でも境界線を引くことなど、どれも今の自分に必要な言葉に溢れていました。

先生がお話を始める前の優しさあふれる目の輝き、笑顔を拝見しただけで、心が優しさと安心感に包まれ涙が止まらなくなりました。

母親になってから、全力で頑張ってきて、いろんな出逢いの中でいつしか、作り笑顔をしているうちに、自分らしさがなくなり笑顔さえ少なくなっていた自分。学校や、ご近所の親同士での人間関係、付き合いに心まで疲れて、疲れきってしまいました。先生に、全て心の涙を拭って頂いた時間になりました。

これまで自分の気持ちを大切にすることを意識したことはありませんでした。そして自分が大切に思っている人、大切に思っていることをまだまだ大切に出来ていない、感謝が足りていませんでした。これからは自分の気持ちの湖をおだやかにするよう意識して、大切な人たちも笑顔で幸せでいて欲しいです。

親の意識が変わることで、子どもも自分を大事にする、自己肯定感を持てるようになるのだと思いました。息子には自分に自信をもって、自分を信じて歩んでいって欲しい。気持ちの自家発電ができる子になって欲しい。そのためにも今これから私自身が意識を変えていかなければいけないと気付かされました。

今までの人生を振り返ってみて、自分の気持ちを大切にはしてこなかったと改めて感じています。やりたいのではなく、ねばならないことに重きを置いてきたと思います。全力でボートをこぎ続け、台風であろうとも、荒れれば荒れるほど全力でこいできました。

今日の気持ちの授業のお話は、子供たちにはもちろん、職場の人間関係や部下育成にも役立つと思いました。

実は私も若い時に首を骨折しましたが、奇跡的に後遺症なしで生かしていただいてます。でも、そんなありがたい事も忘れて、これまで過ごして来ました。これからは悩んでいる子供や、職場の人のドリー夢メーカーになりたいと思いました。

多様性の時代の中で、何のために命を使うのかという自分軸の確立、使命について考えさせられました。

できることから、1つずつやってみようと思います。まずは、家族が、仕事や学校から、帰ってきたら、鏡を見てから笑顔で迎えることをします。自分のためには、15分1人で、ぼーっとします。一人でも笑顔の人が増えますように。

私が大切にしている5つの中に、自分や自分の気持ちは、入っていませんでした。5つとも回りの人、ものでした。自分の気持ちや自分を大切にできないことは、家族も子供も回りの人も大切にできる余裕のない自分になるのだと心の整理ができました。

どん底を経験された先生ならではの力強い言葉がとても印象的でした。感情に任せて子供を叱る（と言うより怒りをぶつけてしまう）ことがよくあり、まさに言葉の暴走をしている事が多いです。相手との境界線を大切にしていこうと思いました。

腰塚先生の講演は一度だけでなく、何度も何度も聴くことが大切だと感じました。

教師として、生徒の成長を願っているのですが、それにはまず自分が変わることだと思いました。

これは、幸せな社会を実現するための授業です

（会社経営者）

「あなたの〝気もちの湖〟は、おだやかですか？　荒れていませんか？　干上がっていませんか？」と、腰塚さんが語りかけます。今まで、自分の気持ちがどんな状態なのか意識することはほとんどありませんでしたが、自分で心の状態をコントロールできれば、少しでも意識できれば、自分自身も、周りの皆にも良い影響をもたらすことができると気づかせていただきました。

そして、偉大な経営者達は「経営判断をするときは、常に冷静でなければならない」と言っていることを思い出しました。

「良い言葉、好きな言葉を発する」「表情を意識する。目を大きく開く、上を見てみる」大人でも子どもでも簡単にできる、気持ちのコントロール方法は、目から鱗が落ちるようなヒントでした。

新型コロナウイルス感染症の影響で、数年前には想像できなかった社会になりました。

子どもたちの未来のために、すべての人が分断せずに豊かに生きられる社会を作ること。

一人ひとりが自らを愛し、他者を愛することから生まれる幸せな社会の実現が、私たち大人の大きな役目であるとすれば、気持ちの湖の状態を常におだやかにすることが大切です。

「やってみよう」「ありがとう」「なんとかなる」「あなたらしく」そんな言葉を多くの人たちが発することができれば、嬉しい・面白い・楽しい・感動する・感謝する・希望を持つ等のポジティブな感情を持つことができて、その中での達成感や生きていく意味、人との関係での、援助を受けること、与えることの大切さを感じられるはずです。

まさに『気もちの授業』が『幸せな社会（Will-being）』を実現するための、必要不可欠な〝授業〟であることは間違いありません。

私たちの〝心に伝わる〟授業に、ひとりでも多くの皆様に触れていただきたいと心から願っています。

生徒にも教師にも大切なことを教えてくれる

（中学校校長）

ある生徒はガラスを割ることでしか自分の気持ちに向き合うことができず、傷ついた手からは赤い血が流れだし、生徒を抱き抱える術しかない私のスーツは真っ赤に染まっていました。生徒の思いを受け止められなかった私は校長として自信を失っていました。

「安心して学校生活を送る当たり前の学校」にしたいと焦っている時、気もちの授業に出会いました。どんな状況であっても、まず、自分の心を自分で落ち着かせ、自家発電できること。命が喜ぶ生き方のはじまりは、心と気持ちが元気でいること。自分の気持ちの状態をまず知ること。「心は人の痛みをわかるために使おう」をスローガンに教師の本気さが生徒の心に響き、学校に優しく爽やかな風が吹きだしはじめました。気もちの授業、学校現場に必要です。

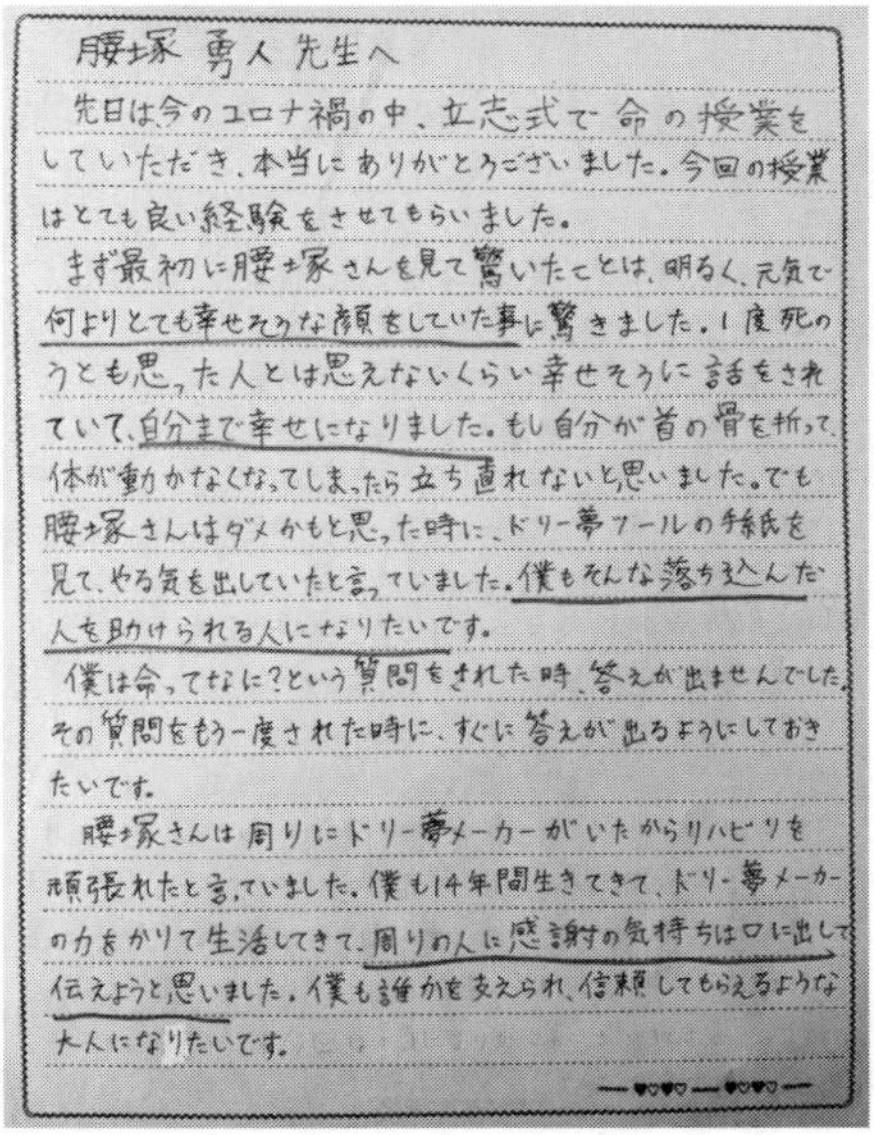

腰塚 勇人 先生へ

先日は今のコロナ禍の中、立志式で命の授業をしていただき、本当にありがとうございました。今回の授業はとても良い経験をさせてもらいました。

まず最初に腰塚さんを見て驚いたことは、明るく、元気で何よりとても幸せそうな顔をしていた事に驚きました。1度死のうとも思った人とは思えないくらい幸せそうに話をされていて、自分まで幸せになりました。もし自分が首の骨を折って、体が動かなくなってしまったら立ち直れないと思いました。でも腰塚さんはダメかもと思った時に、ドリー夢ツールの手紙を見て、やる気を出していたと言っていました。僕もそんな落ち込んだ人を助けられる人になりたいです。

僕は命ってなに？という質問をされた時、答えが出ませんでした。その質問をもう一度された時に、すぐに答えが出るようにしておきたいです。

腰塚さんは周りにドリー夢メーカーがいたからリハビリを頑張れたと言っていました。僕も14年間生きてきて、ドリー夢メーカーの力をかりて生活してきて、周りの人に感謝の気持ちは口に出して伝えようと思いました。僕も誰かを支えられ、信頼してもらえるような大人になりたいです。

自分も落ち込んだ人を助けられる人になりたい

（中学校２年生）

おわりに

私はケガをする前、「俺がいなかったら学校はまわらない」ぐらいのことを思っていました。いろんなピンチを乗り越え、紆余曲折はありながらも努力していたつもりでしたが、結果重視の感謝を忘れた独りよがりな教師で……調子にのっていたんですね。

そんなところでケガ。

自信満々な自分がいて、それで首から下が動かなくなった状態でいる。このギャップがもう本当に、つらかったです。

変な話ですが、ケガをする前「どうでもいいや」的な生き方をしていたら、ケガの後も、そこまで悔しさや絶望感があったかというと、なかったかもしれないと思うんです。分からないですけどネ。

でも、教師としてもそれなりのポジションにいて、そこから先の夢があったからこそ、全部を失うような状況のギャップに苦しむことになってしまいました。

体に障がいが残って、覚悟を決めて学校に復帰したけれど、できないものだらけになって、もうケガをする前の自分と違う自分で教員を続け、人生を歩まなければいけなくなって、本当にいろんなことがありました。

人それぞれいろいろあるのが人生なのだとは思うのですが、けっこうつらかったです（笑）。そして、たくさんの人に人生を助けて支えてもらって今の私がいます。

コロナ禍、私自身も本当にピンチの連続でした。私だけではない！　自分の気もち次第！　と言い聞かせながら、たくさんの仲間たちに励まされ、支えられ、この一年を過ごせました。そしてコロナ禍で自分にできることを考えているときに、この本を書く機会を与えてもらえ、何を読者の方に伝えたいかと考えたとき、思い浮かんだのは、「気もち」でした。このコロナ禍が終わったときに、あのときにこんなことを考えて、こんな思いをして、こんな大変なことがあった。でも、それを乗り越えて、今生きている。今こうやって頑張ってきた。そう自分を振り返ってもらえるような本であってほしいなと思い、書きました。

一人ひとりの人生の中で、やっぱりピンチは大なり小なり必ず起きます。自分の出来事も、コロナのように大丈夫じゃないときに「大丈夫」なんて言ってほしくありません。そういう何かにまた直面したときに、もう一回この本を読んでもらいたいと思うのです。

答えがあるわけじゃないんです。でも、こんな考え方をしたら楽だなとか、これは何かしっくりくるなとか、しっくりくることも大事なんだけど、それ以上に自分は何ができるのかなって、自分なりの答えなり、方法なりを見つけてもらえたら。人生で、ぶつかる幾多の悩みや困難をなんとか乗り越える、その解決できる糸口が一個でも、二個でも見つかったら。そう思っています。

生きているからには、〝まさか〟は形を変えてまた起きます。そのときに、どこかでこれがお守り代わりじゃないけど、そんな本になってくれたらいいなと思います。

この本が、自家発電のためのきっかけになってくれると嬉しいです。

行動や結果には気もちが大事なんだと。気もちが大事ゆえに、へこんだり、苦しいとき（コロナもそうだけど）、気もちを元気にするきっかけが必要です。次は、その元気になる方法はなんだ？　自分なりの方法を見つけること。きっかけと方法。そして、最後は、自分でやろう。自分で動こう。それが「気もちの授業」で私が伝えたいことです。知覚動考です！

東日本大震災からちょうど10年。あのとき、ボランティアで伺い、見た光景、聞いたお話は命と気もちのメッセージとして今でも忘れられませんし、復興を願い心を寄せ続けてきました。震災に遭われた皆様に少しでもお役に立てば……そんな気もちも込めて書かせていただきました。

最後に、「命の授業」講演がまもなく２０００回を迎え、今まで支えてくださった皆さんのおかげで、自分の気もちを大切にして続けてこられました。そしてコロナ禍。私の「気もちの授業」の出版をさせてくださった青春出版社の手島編集長、そして、たくさんのインタビューをして力になってくれた（株）オープンマインドの児島さんのおかげで、また一つ夢が叶いました。

命は喜ばすために使うもの、そして、その源は気もち。これからも「私」は心がけていきます。本当にありがとうございました。

もし、あなたが今、何かに悩んでいるなら
それはあなたが、
心優しく、一生懸命がんばる人だから

あなたは、十分がんばっています
その優しさに救われている人がいます
だから、心の荷物、そっと置いて

素直になって、
自分の気もちに寄りそってあげて
まずは、自分に優しくしてあげて

自分の気もちに素直でいいんだよ
自分のために、生きていいんだよ

あなたが喜んで笑顔でいると
まわりも嬉しい

あなたが元気で幸せであれば
まわりの人も元気で幸せにできる

本当につらいときって、誰にも言えないよね
私もそうでした

そんなときは
自分の気もちの声を受け止めてあげて

あなたの中のドリー夢メーカーと
まわりの大切な人たちは
あなたが元気でいることを願っているだけだから

自分の気もちに寄りそう
あなたでいてください

講演会2000回への道のり

ケガをして、復活して、
講演会を続けてきました。
1000回記念も超えて…
自分の第二の人生の
スタートとなったスキー場
富士山にも登頂できるほど
元気に生きています。
これからも夢の
2000回を目指して
講演活動を続けていきます…。

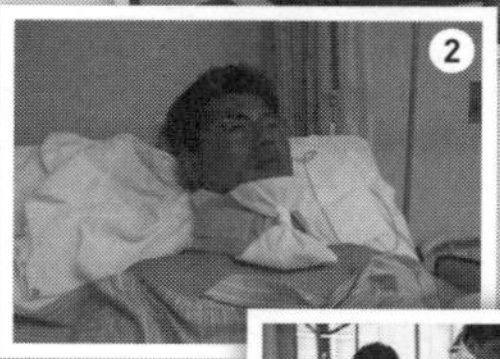

1_ケガから学校に復帰して間もない９月の体育祭で３年１組は優勝。**2**_スキー事故の手術後１週間くらいの頃。**3**_「学校に戻る」ただその一心でリハビリ中。リハビリの先生にも感謝。**4**_記念すべき、「命の授業」第１回目の講演会。島根県松江市にて。**5**_高知県四万十町で迎えた、1000回講演。

6_友人が手作りしてくれた1500回記念ケーキ。**7_**タイはバンコクの日本人会。ブリュッセルの日本人学校でも機会を得ました。**8_**「５つの誓い」。これからもずっと大事にしていきたいです。**9_**群馬県の高校にて「命の授業」。**10_**茨城県の小学校での講演会のチラシ。

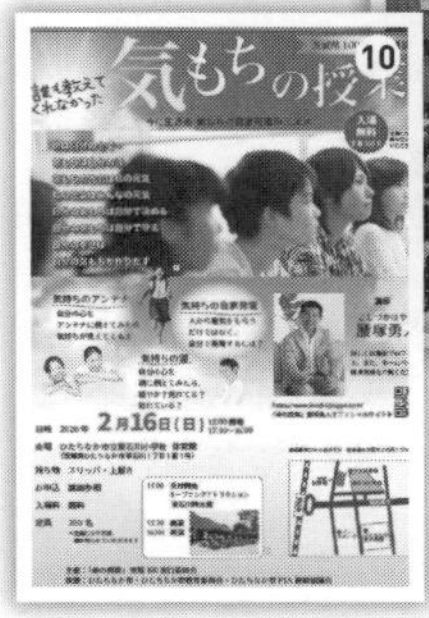

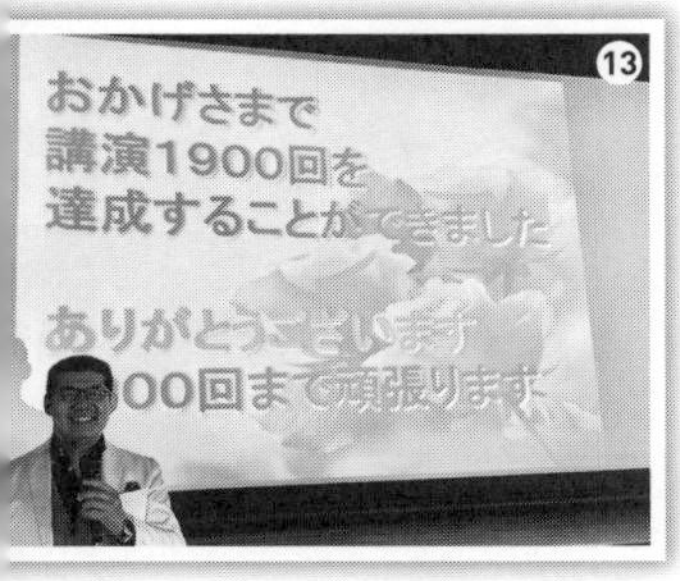

11_今でも１年に1度は訪れる、転倒事故を起こしたゲレンデ。**12_**仲間との富士登山。2016年７月。**13_**2000回まであと100回！ 1900回を迎えた2021年４月。

本文デザイン／小林宙（COLORS）
本文イラスト／まえじまふみえ
本文ＤＴＰ／システムタンク（野中賢）
企画協力／株式会社オープンマインド　児島慎一

著者紹介

腰塚勇人　1965年神奈川県生まれ。元・中学校体育教師。元・養護学校教師。スキーの転倒で首の骨を折り、医師から「一生、寝たきりか、よくて車いす」の宣告を受けるも奇跡的に回復し、現場に復帰。その体験を「命の授業」としてムービー（動画）で公開したところ、30万人以上の人々の目にふれることとなり、TVでも取り上げられる。2010年から講演活動に専念。学校、企業、自治体など全国各地を飛び回っている。
ついつい、自分の気もちを後回しにしていませんか？　本書は「命の授業」と人気を二分する講演「気もちの授業」をもとに、「気もち」「こころ」に寄りそうためのヒントをまとめました。

公式サイト：https://inochi-jyugyo.com/

腰塚勇人
公式サイト

「気もちの授業」
YouTube

気《き》もちの授業《じゅぎょう》

2021年6月1日　第1刷

著　　者　腰《こし》塚《づか》勇《はや》人《と》
発 行 者　小澤源太郎

責任編集　株式会社 プライム涌光
電話　編集部　03(3203)2850

発 行 所　株式会社 青春出版社
東京都新宿区若松町12番1号 〒162-0056
振替番号　00190-7-98602
電話　営業部　03(3207)1916

印　刷　共同印刷　　製　本　大口製本

万一、落丁、乱丁がありました節は、お取りかえします。
ISBN978-4-413-23205-0 C0037